Vom Himmel hoch

Das große bunte
Weihnachts-Vorlesebuch

Mit Bildern
von
Wolfgang Freitag

Pattloch

Die Deutsche Bibliothek – CIP-Einheitsaufnahme
Ein Titelsatz für diese Publikation ist bei
Der Deutschen Bibliothek erhältlich

Gedruckt auf chlorfrei gebleichtem Papier.

© 2001 Pattloch Verlag GmbH & Co. KG, München
Ein Unternehmen der Verlagsgruppe Droemer-Weltbild

Illustration: Wolfgang Freitag, München
Herausgeberin: Christine Schönberger, Aichach
Lektorat: Michael Schönberger
Umschlaggestaltung: Daniela Meyer, Pattloch Verlag, München
unter Verwendung einer Illustration von Wolfgang Freitag
Satz und Layout: Ruth Bost, Pattloch Verlag, München; gesetzt aus Sabon
Reproduktion: Fotolito Longo, I-Bozen
Druck und Bindung: Appl, Wemding
Printed in Germany

ISBN 3-629-00912-3

Vorwort

Für die Erwachsenen ist die „stille Zeit" oft alles andere als still. Zeit-
raubende Vorbereitungen und Besorgungen stehen an, denn man möchte
den Kindern ein unvergessliches Fest bereiten. Für die Kinder hingegen
ist es eine Zeit unruhigen Wartens auf das Christkind. Dieses Buch lässt
Eltern und Kinder gleichermaßen Atem schöpfen und zum Wesentlichen
finden. Suchen Sie sich ein schönes Plätzchen aus, zünden Sie ein Kerze
an, blättern Sie und lesen Sie!
In fünf Kapiteln folgt das Buch dem inneren Gang der weihnachtlichen
Ereignisse. Einige dieser Weihnachtsgeschichten haben eine alte Tradition,
sie erzählen von einer vergangenen Zeit. Andere sind mitten aus dem
heutigen Leben gegriffen. Manche Geschichten sind voller Wärme und
Melancholie, einige auch sehr lustig. Viele Erzählungen, Märchen und
Legenden stammen aus der Feder bekannter Schriftsteller und Kinder-
buchautoren. Bei manchen Geschichten wurden alte Überlieferungen
in freier Form nacherzählt. Es wurden auch einige Lieder und Gedichte
ausgewählt, die man allgemein zum Volksgut zählt. Kinder werden ihren
Spaß an Rhythmus und Reim dieser unvergesslichen Verse haben.
Liebevolle Illustrationen des Münchner Malers Wolfgang Freitag fangen
den ganzen Zauber der weihnachtlichen Texte ein und laden zum Nach-
denken über die verschiedenen Facetten dieses Festes von der Geburt des
göttlichen Kindes ein.
Texte, die sich schon zum Vorlesen für ganz kleine Kinder eignen, die sie
vielleicht sogar zum Nachsprechen und Auswendiglernen ermuntern, sind
im Inhaltsverzeichnis mit einer kleinen Maus gekennzeichnet.

Ein frohes und besinnliches Weihnachtsfest
wünscht Ihnen

Christine Schönberger

Inhalt

Kapitel III
Ein Kind ist uns geboren

Kapitel IV
Ihr Hirten erwachet

Kapitel V
Die heil'gen drei König

Kapitel I

Niklas ist ein braver Mann

Geschichten vom Heiligen Nikolaus

(nach der Legenda aurea)

Vor langer, langer Zeit lebte der heilige Sankt Nikolaus auf der Erde. Er wurde als Sohn einer wohlhabenden Familie in der Stadt Patara in der heutigen Türkei geboren. Aus seinem Reichtum machte er sich aber nichts. Er legte auch keinen Wert auf teure Kleidung. Nikolaus verehrte Gott und war ein bescheidener und hilfsbereiter Mann.

Der Nachbar von Nikolaus hatte drei Töchter. Eines Tages hörte Nikolaus, dass dieser Mann sein gesamtes Vermögen verloren hatte. Die Töchter wollten heiraten. Aber ihr Vater konnte ihnen nichts von alldem kaufen, was man zu einer Hochzeit brauchte: Möbel, Hausrat, Schmuck. Nicht einmal eine bescheidene Hochzeitsfeier konnte er ihnen ausrichten. Deshalb wollte niemand die Töchter des armen Mannes heiraten. Was sollte er tun? Seine Töchter als Dienerinnen auf dem Sklavenmarkt anbieten? Der Vater war verzweifelt.

Als Nikolaus eines Tages am Haus des Nachbarn vorbeiging, hörte er, wie der Mann zu seinen Töchtern sagte: »Meine Kinder, ich habe kein Geld mehr, um euch eine Hochzeit auszurichten. Ich weiß nicht einmal, wie ich genug Essen kaufen kann für unsere Familie. Mir bleibt nichts anderes übrig, als euch auf dem Markt zu verkaufen. Unser Schicksal liegt in Gottes Hand!«

Nikolaus hörte die Nachbarsfamilie klagen und weinen und er fühlte großes Mitleid mit den Töchtern. Rasch ging er nach Hause, füllte einen Lederbeutel mit Goldmünzen und warf ihn in der nächsten Nacht in das Zimmer der ältesten Tochter. Die Familie war über diesen unerwarteten Geldsegen außer sich vor Freude. Bald darauf hielt ein junger Mann um die Hand der Tochter an und der Vater konnte seine Tochter glücklich verheiraten.

Ein paar Tage nach der Hochzeit fand auch die mittlere Tochter einen Beutel voller Goldstücke in ihrem Zimmer. Sie rannte voll Freude zu ihrem Vater: »Vater schau, was mir unser unbekannter Freund ins Fenster geworfen hat.« Der Vater pries Gott und dankte für dieses Geschenk des Himmels. Auch die zweite Tochter konnte bald eine schöne Hochzeit feiern.

Jetzt nahm sich der Vater vor, die Augen offen zu halten und nach dem unbekannten Helfer zu forschen. Eines Abends beobachtete er, wie ein Mann, der in einen weiten Mantel gehüllt war, auf sein Haus zuging. Gerade wollte er einen Beutel in das Fenster der jüngsten Tochter werfen, da packte der Vater ihn am Arm: »Wer bist du, der du mich und meine Töchter vor dem Elend retten willst?« Der Mann drehte sich um und sah ihm ins Gesicht. »Nikolaus, du bist es, unser Nachbar und Freund, wie kann ich dir nur danken?« Nikolaus antwortete: »Gott gab mir die Mittel, dir und deinen Töchtern zu helfen, danke nicht mir, sondern danke Gott deinem Herrn!«

Als in der Stadt Myra, der Heimat des Nikolaus, der alte Bischof gestorben war, suchte man einen neuen Bischof. Die Wahl fiel auf den gottesfürchtigen und von allen hoch geehrten Nikolaus. Er wurde ein sehr weiser und gerechter Bischof. Aus fern und nah kamen die Menschen, um seinen Rat zu hören. Nikolaus wurde bald zu einem Vorbild für alle: Er liebte die Menschen, war brüderlich und gerecht.

Da brach in Myra und im ganzen Land eine große Hungersnot aus. Der Regen war ausgeblieben und mehrere Jahre hintereinander gab es schlechte Ernten. Alles Korn in den Vorratshäusern der Stadt war aufgebraucht. Eines Tages stürmten die Menschen in das Haus des Bischofs und riefen aufgeregt nach Nikolaus: »Bischof Nikolaus, komm schnell in den Hafen. Es sind fremde Schiffe eingelaufen, die sind voll geladen mit Getreide. Jetzt machen sich die Menschen über die Seeleute her und plündern die Schiffe.« Nikolaus eilte zum Hafen und es gelang ihm, die hungernden Menschen zu beruhigen. Er sprach die Seeleute an: »Wir wollen euch nichts Böses tun, aber die Menschen hier leiden großen Hunger. Könnt ihr uns nichts von eurem Getreide verkaufen?« Die Seeleute antworteten ihm: »Wir würden euch gern Getreide verkaufen. Doch unsere Ladung ist für den Kaiser bestimmt. Wenn wir auch nur das Geringste hergeben, wird uns der Kaiser verfolgen und ins Gefängnis werfen. Und aus dem kommen wir lebend nicht mehr heraus.« Nikolaus sagte darauf: »Ihr habt hier angelegt, um Wasser und frischen Proviant aufzunehmen. Das werdet ihr nicht bekommen. Auch werde ich die Menschen nicht daran hindern können, eure Schiffe zu plündern. Euer Leben ist bedroht. Doch wenn ihr klug seid und den Menschen gebt, was sie so dringend benötigen, wird es euch Gott der Herr vielfach vergelten.«

Die Seeleute sahen ein, dass Nikolaus Recht hatte. Und sie luden viele Säcke mit Getreide aus und legten sie Nikolaus zu Füßen. Die Menschen in Myra waren froh und jubelten, als sie das sahen. Sie zahlten freiwillig das Doppelte des Preises, den die Seeleute verlangten. Sie brachten ihnen auch frisches Wasser und Proviant und ließen die Schiffe dann friedlich davonsegeln.

Bischof Nikolaus selbst verteilte das Korn gerecht unter den Hungrigen. Weil er klug war, behielt er etwas zurück als Saatgut für das nächste Jahr. Einen anderen Teil ließ er sofort mahlen und daraus Brot und Backwerk für die hungrigen Kinder backen. In Erinnerung an dieses Ereignis werden noch heute die Kinder in aller Welt am Nikolaustag mit Naschwerk beschenkt.

Und von den Seeleuten wird berichtet, dass sie am Kaiserhof die gleiche Menge Getreide abliefern konnten, die sie ursprünglich geladen hatten. Wie durch ein Wunder hatten sich unterwegs die leeren Säcke wieder gefüllt. Und obendrein war das Getreide auch von allerfeinster Güte. Der Kaiser war hoch zufrieden und belohnte seine treuen Seeleute reich.

Michael Schönberger

Der Esel des Sankt Nikolaus

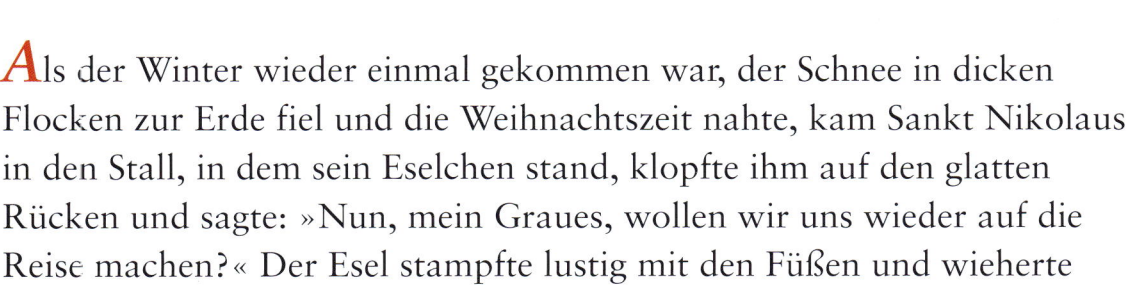

Als der Winter wieder einmal gekommen war, der Schnee in dicken Flocken zur Erde fiel und die Weihnachtszeit nahte, kam Sankt Nikolaus in den Stall, in dem sein Eselchen stand, klopfte ihm auf den glatten Rücken und sagte: »Nun, mein Graues, wollen wir uns wieder auf die Reise machen?« Der Esel stampfte lustig mit den Füßen und wieherte leise.

So zogen sie denn zusammen aus, der Esel hoch bepackt mit Säcken, Sankt Nikolaus in seinem dicken Schneemantel, mit hohen Stiefeln und großen Pelzhandschuhen. Wie sie so durch den Wald zogen, knirschte der Schnee unter ihren Füßen und ihr Atem flog in großen Wolken um sie herum; aber Sankt Nikolaus lachte doch mit seinen fröhlichen alten Augen in die Welt hinein und das Eselchen schüttelte sich vor Vergnügen, so dass die silbernen Glöcklein weit über das Feld klangen.

15

Im nächsten Dorf kehrten sie ein; denn sie waren beide hungrig. Sankt Nikolaus stellte sein Eselchen in den Stall und setzte sich selbst in die warme Stube zu einem Teller Suppe. Im Stall standen ein paar Pferde; auch ein Esel war unter ihnen, und gerade neben diesen – es war ein großer Mülleresel – kam unser Eselchen zu stehen.

»Was bist denn du für ein Kauz?«, fragte der große Esel verächtlich.

»Ich bin der Esel des Sankt Nikolaus«, antwortete stolz unser Grauer.

»So«, höhnte der Mülleresel, »da bist du auch etwas Rechtes! Immer hinter dem Alten herlaufen; im Schnee stehen vor den Häusern; fast erfrieren und verhungern, ehe du wieder in deinen Stall kommst; keinen rechten Lohn; immer das gleiche Futter, jahraus, jahrein; ich würde mir so etwas nicht gefallen lassen.«

»Ja, hast du es denn besser?«, fragte erstaunt das Eselchen. »Du musst doch auch Säcke tragen, oder nicht?«

»Natürlich«, prahlte der Esel, »aber nur, wenn es mir passt! Und zwischendurch laufe ich herum und gehe, wohin ich will! Habe ich Hunger, so komme ich heim und fresse, aber nicht nur dein lumpiges Heu, nein, Hafer, so viel es mir beliebt, und Brot und Zucker bringt man mir.«

Das Eselchen glaubte dem Aufschneider alles; denn beim Sankt Nikolaus hatte es natürlich nicht lügen gelernt. Solch ein Leben schien ihm beneidenswert; denn Hafer, Brot und Zucker bekam es nur selten.

»Es war natürlich nicht immer so«, fuhr der Mülleresel fort, »aber einmal lief ich einfach davon und kam acht Tage nicht wieder heim. Seither lassen sie mich machen, was ich will. Weißt du was, lauf deinem Alten auch einmal davon und lass ihn seine Säcke allein schleppen! Du sollst sehen, wie es nachher anders wird! Lauf, lauf, die Tür ist eben offen und du bist nicht angebunden!«

Das Eselchen, das wirklich ein rechtes Eselchen war, wurde ganz verwirrt im Kopf von all dem Neuen, und da ihm der große Esel Achtung einflößte und man auf das Böse viel leichter hört als auf das Gute, besann es sich nicht lange und ging wirklich zur Tür hinaus. Dort schüttelte es sich, schlug übermütig aus, dass der Schnee davonstob, und galoppierte zum Hof hinaus, über die Straße, durch den Kartoffelacker, und lief in den Wald. Dort sprang es hin und her, rannte mit den Hasen um die Wette, spielte mit den Hirschen und Rehlein und machte hohe Sprünge, um den Schnee abzuschütteln, der von den Tannen auf seinen Rücken fiel.

Das Eselchen wurde schließlich müde und auch hungrig. Es lief auf eine große Wiese, um etwas Essbares zu suchen. Der Schnee aber war sehr hoch und hart gefroren, und das Eselchen fand nicht das kleinste Kräutlein. Als es weiterlief, sah es am Ende der Wiese, hart am Waldesrand, ein altes Mütterlein gehen, das auf seinem Rücken eine große Bürde Holz schleppte. Mühsam und langsam ging es vorwärts und atmete schwer. Das Eselchen, das im Grunde ein gar liebes Eselchen war und bei Sankt Nikolaus nur Gutes gelernt hatte, ging ganz nahe zu dem Mütterchen hin und blieb vor ihm stehen, senkte auch seinen Kopf und sah mit seinen klugen Augen die alte Frau so aufmunternd an, dass diese das Tier wohl verstand. Sogleich lud sie ihm ihr Holz auf den Rücken, tätschelte ihm den Hals und machte: »Hö!«, und das Eselchen trottete sanft hinter dem Mütterchen her, bis sie das kleine Haus erreicht hatten, weit draußen vor dem Dorf.

Kaum war das Holz abgeladen, kamen die Enkelkinder der Alten, sprangen um den Esel herum und schrien: »Ach, lass mich reiten, lass mich reiten!«

Das Eselchen, das von Sankt Nikolaus gelernt hatte, die Kinder lieb zu haben, ließ sie reiten. Erst die Mädchen, dann die Buben, dann wieder die Mädchen und wieder die Buben; zuletzt saßen zwei auf, ritten gegen das Dorf, schrien hü und hott und schwangen ihre Mützen. Vor dem Dorf warf sie das Eselchen ab und es gab ein großes Gelächter und Geschrei. Darauf sprangen die Kinder heim; das Eselchen lief weiter und wusste nicht recht, wohin es gehen sollte. Es war schon müde, und Hunger und Durst hatte es auch. Langsam lief es in den Wald zurück und dachte an seinen warmen Stall, an das viele Heu, das es immer bekam, und an den guten Sankt Nikolaus, der ihm beim Fressen jedes Mal über den Rücken strich.

Traurig stapfte das Eselchen vorwärts; hie und da fiel ein Tannenzapfen herunter oder es krachte ein dürrer Ast; aber sonst war es still. Die Dämmerung kam und dem Eselchen wurde es unheimlich. Wenn es nur den Weg gewusst hätte! Wenn es doch nur wieder daheim wäre, dachte es betrübt und senkte den Kopf tief, tief herunter.

Nachdem der gute Sankt Nikolaus seine Suppe gegessen hatte, ging er in den Stall, um das Eselchen herauszuholen. Aber da war kein Eselchen mehr! Er suchte es überall und fragte alle Leute, ob sie sein Eselchen nicht gesehen hätten; aber niemand hatte es gesehen. Da kam er auf die Straße und sah im Kartoffelacker Spuren von kleinen Hufen. Er ging den Spuren nach, und richtig, als Sankt Nikolaus den Hügel hinter dem Dorf hinanstieg, sah er das Eselchen ganz traurig stehen. Es war so müde, dass es nicht einmal den Kopf wandte, als es Schritte hörte.

»Graues!«, rief Sankt Nikolaus.

Potztausend, was machte es da für einen Sprung und wie lief es hin zu Sankt Nikolaus, den es, obwohl es ganz dunkel war, gleich erkannte. Es wieherte vor Freude, schmiegte sich dicht an ihn und rieb seinen Kopf an dem weichen, wohl bekannten Pelzmantel.

»Aber Graues«, sagte Sankt Nikolaus, »was machst du für Sachen!«
Da schämte sich das Eselchen gewaltig.

Sankt Nikolaus nahm es am Zaum; die beiden guten Freunde trotteten durch den Schnee zur nächsten Herberge, und als das Eselchen auf sauberem Stroh im Stalle stand, das duftende Heu vor sich, und Sankt Nikolaus es hinter den Ohren kraulte, da dachte es: Diesmal bist du aber ein wirklicher Esel gewesen!

Lisa Wenger

Reime und Verse für die Kleinen

Nikolaus, Nikolaus, lieber Mann,
klopf an unsre Türe an!
Wir sind brav, drum bitte schön,
lass den Stecken draußen stehn!

Nikolaus, Nikolaus, huckepack,
schenk uns was aus deinem Sack!
Schüttle deine Sachen aus,
gute Kinder sind im Haus!

Holler, boller, Rumpelsack,
Niklas trägt ihn Huckepack,
Weihnachtsnüsse, gelb und braun,
runzlig, punzlig anzuschaun.

Knackt die Schale, springt der Kern,
Weihnachtsnüsse ess ich gern.
Komm bald wieder in mein Haus,
lieber guter Nikolaus.

Niklas, Niklas, guter Mann,
zieh die großen Stiefel an,
reis mit uns nach Spanien,
kauf Äpfel und Kastanien,
setz dein Schimmelchen untern Tisch,
dass es Heu und Hafer frisst.
Heu und Hafer frisst es nicht,
Zuckerplätzchen kriegt es nicht,
lustig, lustig, trallerallera,
bald ist Niklasabend da.

St. Niklas ist ein braver Mann,
bringt den kleinen Kindern was,
die großen lässt er laufen,
die können sich was kaufen.

Volksgut

Klopf, klopf, klopf

Klopf, klopf, klopf, wer klopft an unsre
Türe an?
Klopf, klopf, klopf, es ist der heilige Mann!
Was stehst du draußen vor der Tür?
Komm doch zu uns herein!
Es sind ja art'ge Kinder hier, die sich schon
lange freun.
Komm herein, sei unser Gast.
Bring uns alles, was du hast.

Volksgut

Nikolaus! Nikolaus!

Ni - ko - laus! Ni - ko - laus!

Bald stell'n wir die Schuh vor uns - re

Tür hin - aus, und du bringst uns A - pfel und Nuss

und 'nen Scho-ko - la - den-mann mit Zu - cker - guss.

Weise: *Hans Poser*

Aus dem Wald kommst du bald,
hast dein volles Säckelein dir umgeschnallt.
Schüttel es nur tüchtig aus,
denn wir sind 'ne Menge Kinder hier im Haus.

Nikolaus, Nikolaus!
Wann kommst du denn endlich mal in unser Haus?
Alle Kinder, groß und klein,
wollen immer artig und gehorsam sein.

Die Legende vom Nikolaus und Jonas mit der Taube

Schon viele Monate brannte die Sonne Tag für Tag auf die Erde. Das Gras färbte sich braun und raschelte dürr im Wind. Auf den Feldern verdorrte das Korn. Selbst an den großen Bäumen begann das Laub zu welken. Keine Wolke zeigte sich am Himmel. Es wollte und wollte nicht regnen. Die Wasserstellen waren längst ausgetrocknet. Nur die tiefsten Brunnen spendeten noch Wasser. Die Frauen schöpften daraus. In Krügen trugen sie das kostbare Wasser auf ihren Köpfen heim. Die Tiere fanden nicht ein grünes Kraut. Auch die Menschen litten Hunger. Über das ganze Land verbreitete sich eine Hungersnot.

In der Stadt Myra waren die Vorratskammern längst leer. Selbst für viel Geld gab es keinen Bissen mehr zu kaufen. Die Kinder weinten und schrien nach Brot. Doch die Mütter konnten ihnen nicht einmal eine harte Kruste geben. Die Ratten liefen bereits am hellen Tag durch die Straßen und suchten in den Gossen nach Nahrung. Sie fanden nichts.

Da näherten sich eines Tages drei Schiffe dem Hafen am Meer. Sie kamen aus der fernen Stadt Alexandria. Schwer beladen waren sie und lagen tief im Wasser. Sie wollten Korn in die Kaiserstadt Konstantinopel bringen. Nikolaus war zu dieser Zeit Bischof in der Stadt Myra. An dem Tag, als die Schiffe auf den Hafen zusteuerten, machte er sich auf den Weg. Er wollte einen Kranken besuchen.

Unterwegs bemerkte er einen Jungen, der die Straße zum Hafen hinablief. Trotz aller Eile barg er behutsam eine blaue Taube an seiner Brust.

»Wer bist du?«, fragte der Bischof den Jungen und schritt neben ihm her.

»Ich bin Jonas mit der Taube.«

»Deine Taube ist ein schöner Vogel«, sagte der Bischof.

»Sie ist müde und matt«, klagte der Junge. »Vorgestern gab ich ihr das letzte Maiskorn, das ich hatte. Seit gestern rührt sie keinen Flügel mehr.«

»Und wohin willst du so eilig?«, fragte der Bischof weiter.

Da antwortete der Junge: »Ich will zum Hafen, Herr Bischof. Da sollen drei Schiffe festgemacht haben.«

»Drei Schiffe?« Der Bischof staunte. »Was wollen denn Schiffe in unserem Hafen? Bei uns gibt es nichts mehr, was sie einladen könnten.«

»Die Schiffe sind voll beladen«, sagte der Junge. »Kornschiffe sind es. Sie kommen aus Alexandria und wollen nach Konstantinopel weitersegeln.«

Da nahm Nikolaus den Jungen bei der Hand und ging mit ihm zum Hafen. Schiffe, mit Korn hoch beladen, das konnte die Rettung für die Menschen in Myra bedeuten. Aus Korn kann man Mehl mahlen. Aus Mehl wird Brot. Brot stillt den Hunger. Korn bedeutete das Ende der Hungersnot. Niemand musste mehr am Hunger sterben. Brot, das war Hoffnung in Todesnot.

Auf dem freien Platz vor dem Hafen drängten sich viele Menschen. Sie waren herbeigeeilt, weil sie die Kornschiffe sehen wollten. Jeder hoffte, dass er Korn kaufen könnte.

»Ich werde Korn für meine Taube bekommen«, sagte der Junge. Weil sein Magen vor Hunger knurrte, fügte er hinzu: »Und auch für mich möchte ich Korn haben.«

Doch es war kein Jubel zu hören. Niemand stieß einen Freudenschrei aus. Stumm standen die Menschen und starrten auf die Schiffe. An der Bordwand der Lastschiffe hatten sich die Matrosen versammelt. Sie trugen Lanzen in den Händen. Drohend richteten sie die Spitzen ihrer Waffen gegen die Menge. Jonas mit der Taube hielt die Hand des Bischofs ganz fest. Er hatte Angst vor den finsteren Gesichtern der Matrosen.

Nikolaus drängte sich bis zur Hafenmauer vor. »Wo ist der oberste Kapitän dieser Schiffe?«, rief er. »Ich möchte mit ihm sprechen.«

»Ich bin der oberste Kapitän«, antwortete ein großer, schwarzbärtiger Mann.

»Kann ich zu dir auf das Schiff kommen?«, fragte der Bischof.

»Komm auf das Schiff, aber komm allein!«, sagte der Kapitän.

Zwei Matrosen schoben ein schmales Brett vom Schiff bis auf die Ufermauer. Nikolaus ließ die Hand des Jungen los und schritt über den schwankenden Steg. Die Planke wippte.

Dem Bischof wurde ein wenig schwindelig. Da lief Jonas mit der Taube ihm leichtfüßig nach, ergriff wieder seine Hand und führte den Mann sicher hinüber. Beide gelangten heil an Bord des Schiffes.

»Was willst du von mir?«, fragte der Kapitän.

»Du siehst, Kapitän, die Leute in Myra leiden großen Hunger. Nirgendwo in der ganzen Gegend kann man Brot kaufen. Deine Schiffe sind bis an den Rand mit Korn gefüllt. Verkaufe den Leuten einen Teil deiner Ladung.«

»Das darf ich nicht«, antwortete der Kapitän. »In Alexandria ist die Ladung genau gewogen worden. Kein Korn zu viel, kein Korn zu wenig. Du weißt selber, was mit einem Kapitän geschieht, der seine Ladung nicht bis auf das letzte Pfund in Konstantinopel abliefert. Der Kaiser lässt ihm den Kopf abschlagen.«

»Aber die Leute müssen sterben, wenn du ihnen nicht hilfst«, sagte der Bischof.

Einen Augenblick lang dachte der Kapitän nach. Dann aber schüttelte er den Kopf und sagte: »Mein Hals ist mir näher als euer Hunger. Wenn ich zwei Köpfe besäße, dann würde ich einen wohl wagen, um euch aus der Not zu helfen.«

»Hat nicht der Heiland mit fünf Broten die große Volksmenge satt

gemacht? Sind nicht damals zwölf Körbe Brot übrig geblieben?«, fragte der Bischof. »Hilf uns, und kein Körnchen wird an deiner Ladung fehlen.«

»Ich kenne die Jesusgeschichte sehr gut«, sagte der Kapitän. »Wenn das stimmt, dass mir kein einziges Korn fehlen wird, dann will ich dir helfen.«

Der Kapitän zog ein Stück Kreide aus der Tasche. Er kletterte an der Strickleiter bis zum Wasser hinunter. Genau dort, wo das Wasser die Schiffsplanken berührte, machte er einen Kreidestrich an die Bordwand. Neugierig beugte sich Jonas mit der Taube über die Reling und schaute ihm zu.

»Wir werden es sehen«, sagte der Kapitän listig. »Ihr könnt von dem Korn nehmen, so viel ihr wollt. Doch ihr tragt es nicht weg, sondern schüttet es auf das Pflaster des freien Hafenplatzes. Wenn die Ladung leichter wird, hebt sich mein Schiff ein wenig aus dem Wasser. Der Kreidestrich steigt dann höher hinauf. Wenn das geschieht, müsst ihr das ganze Korn wieder einladen. Ihr gebt euch dann zufrieden.«

Nikolaus nickte.

»Stimmt aber dein Wort«, fuhr der Kapitän fort, »dann steigt das Schiff kein Stückchen und der Kreidestrich wird genau in der Höhe des Wasserspiegels bleiben. Die Ladung wird, wie du gesagt hast, nicht leichter. In diesem Falle könnt ihr das Korn behalten, das ausgeladen wurde.«

Die Matrosen auf dem Schiff lachten. Sie kannten ja das Ergebnis schon im Voraus.

»Warum lachst du?«, fragte Jonas mit der Taube den alten Matrosen, der neben ihm stand.

»Hat je ein Mensch erlebt, dass ein Schiff sich nicht aus dem Wasser hebt, wenn es ausgeladen wird?«, antwortete der Matrose.

»Bischof Nikolaus lügt nicht, wart es nur ab«, sagte Jonas mit der Taube. Da streichelte der alte Matrose mit seinen rauen Händen ganz zart das Kopfgefieder der Taube, bückte sich, griff eine Hand voll von den Körnern und steckte sie dem Jungen in die Tasche. »Da«, sagte er, »damit du nicht ganz vergebens geglaubt hast.«

Einige Männer aus Myra durften über die Planke gehen und das Schiff betreten. Sie luden das Korn in Säcke, hoben die Last auf ihre Schultern und schleppten sie an Land. Dort schütteten sie die goldenen Körner auf das glatte Steinpflaster.

Allmählich wuchs der Körnerhaufen zu einem kleinen Hügel.

»Schluss jetzt!«, rief der Kapitän. »Wir wollen sehen.«

Alle Männer aus Myra mussten das Schiff verlassen. Der Kapitän beugte sich über die Bordwand und schaute nach dem Kreidestrich.

Er traute seinen Augen nicht und kletterte die Leiter hinunter. Der Kreidestrich und der Wasserspiegel standen immer noch auf gleicher Höhe. Ungläubig starrte er auf die schwarzen Planken. Doch es gab keinen Zweifel, das Schiff war nicht leichter geworden.

Vielleicht ist es noch nicht genug, dachte er und befahl: »Weiter! Nehmt mehr von dem Korn!«

»Siehst du?«, sagte Jonas mit der Taube zu dem alten Matrosen. Dann hockte er sich auf die Planken des Schiffes nieder. Er hatte für sich selbst noch keinen Bissen von dem Korn genommen. Seine Taube aber pickte Korn um Korn aus seiner hohlen Hand.

Viele Säcke leerten die Männer aus. Der Berg von Korn wurde schließlich so hoch, dass kein Mensch darüber hinwegschauen konnte. Der Kapitän aber wandte kein Auge von dem Kreidestrich. Doch dieser stieg nicht einen Fingerbreit aus dem Wasser. Das Schiff wurde nicht leichter.

Auch die Matrosen sahen es jetzt: Im Schiffsbauch wurde das Korn nicht weniger, so viel die Männer auch aus dem Laderaum herausschleppten.

»Genug, ihr Männer!«, sagte schließlich der Bischof. »Das Korn reicht aus. Wir haben genug zu essen bis zur nächsten Ernte. Und für die neue Saat wird das Korn auch reichen. Die Hungersnot hat ein Ende.«

Da fielen alle, die dabei gewesen waren, auf die Knie nieder. Sie lobten und dankten Gott. Die einen dachten dabei an das Wunder, das sie mit eigenen Augen gesehen hatten, und die anderen dachten an die Hungersnot, aus der sie so wunderbar errettet worden waren.

Die Matrosen aber legten ihre Lanzen nieder und verließen die Schiffe.

Die Menschen von Myra reichten ihnen die Hände. Sie waren glücklich und jubelten Bischof Nikolaus zu. Der bestimmte Männer, die von dem Korn an die Leute austeilten. Jonas mit der Taube ritt hoch auf den Schultern des alten Matrosen vom Schiff hinab auf den Platz am Hafen. »Er hat es von Anfang an geglaubt«, rief der alte Matrose laut über den Platz. Später segelten die drei Schiffe wieder davon, der fernen Stadt Konstantinopel zu. Die Taube aber regte ihre Flügel, hob sich hoch in die Luft und begleitete die Schiffe ein Stück auf das Meer hinaus. Dann erst kehrte sie zu dem Jungen zurück.

Wer diese Legende kennt, der weiß, warum die Armen und Hungernden den heiligen Nikolaus besonders verehren. Auch heute noch singen die Kinder:

> »Nikolaus, komm in unser Haus,
> pack die große Tasche aus.«

Willi Fährmann

Der kleine Flori und der Nikolaus

Der kleine Flori war vom ersten Schultag an ein ganz schlimmer Schlamper. Dauernd ließ er irgendetwas im Schulzimmer liegen, die Mütze oder seine Handschuhe, die Fibel, das Rechenbuch, die Tafel, ein Heft oder das Federmäppchen. Manchmal vergaß er sogar alles miteinander und lief mit leerem Schulranzen heim. Und es kam noch schlimmer: Eines Nachmittags nämlich, als Flori die vergessene Fibel holen wollte, lag sie nicht mehr auf seiner Bank; Flori suchte und suchte, aber die Fibel war wie weggeblasen. Am nächsten Tag konnte Flori das Rechenbuch nicht finden, am übernächsten Tag war die Tafel fort. Das war kurz vor dem Nikolaustag und die Mutter meinte: »Ich glaube, diesmal bringt der Nikolaus höchstens eine Rute.«

Aber das glaubte Flori auf keinen Fall. In den vergangenen Jahren war der Nikolaus immer nett zu ihm gewesen. Sicher würde er auch in diesem Jahr nichts von der Schlamperei gemerkt haben und wieder die guten Mandellebkuchen mitbringen, die Flori so gerne aß und die nur der Nikolaus hatte.

Ja, und dann kam er, der Nikolaus! Er pochte laut an der Tür und stapfte herein in seinem roten Mantel und mit der Bischofsmütze aus Gold. Auch einen vollen Sack hatte er dabei und Flori schaute schon beim Beten nur auf den Sack und überlegte, an welcher Stelle wohl die Lebkuchen für ihn stecken mochten. Aber der Nikolaus machte gar keine Anstalten, Lebkuchen aus dem Sack zu holen. Er sah den Flori mit gerunzelter Stirn an, so streng wie noch nie.

»Warst du auch brav, Flori?«

»Ja«, sagte Flori schnell, obwohl er natürlich genau wusste, dass das nicht ganz stimmte.

»So, so«, brummte der Nikolaus, »brav warst du? Und immer recht ordentlich? Und du hast nie etwas verschlampt oder vertrödelt?«

Jetzt sagte Flori gar nichts mehr. Nur sein Herz klopfte laut.

»Was meinst du wohl, was ich dir mitgebracht habe?«, fragte der Nikolaus und griff nach seinem Sack.

»Ma-Ma-Mandellebkuchen«, stotterte Flori.

Aber der Nikolaus schüttelte den Kopf.

»Für Mandellebkuchen war im Sack kein Platz mehr«, sagte er, »weil ich doch so viele andere Dinge für dich einpacken musste. Hier, dies zum Beispiel …« Und was holte er aus dem Sack? Die Fibel!

»Und dies …« Das Rechenbuch!

»Und das …« »Und das …« Die Tafel, Floris Pudelmütze, den linken Handschuh, die Bastelschere, drei Bleistifte, eine Schachtel Malkreide – eins nach dem anderen holte der Nikolaus hervor. Nur keinen Mandel-lebkuchen, nicht einmal ein einziges Stück!

»Also dann bis zum nächsten Jahr, kleiner Flori«, meinte der Nikolaus freundlich. »Und wenn ich dann nicht so viel Trödelkram für dich mit-bringen muss, hab ich auch sicher Platz für Lebkuchen.«

Und er stapfte wieder aus der Stube hinaus.

Da stand er, der Flori, und hatte nichts, überhaupt nichts vom Nikolaus bekommen! Eigentlich ist das eine traurige Geschichte.

Aber zum Glück geht sie gut aus. Weil nämlich der heilige Nikolaus ein guter Mann ist und weil sich der kleine Flori von diesem Tag an große Mühe gab und fast gar nichts mehr verschlampte, lag in der Woche vor Weihnachten auf einmal eine bunte Schachtel im Briefkasten. »An den kleinen Flori« stand darauf.

Könnt ihr euch denken, was in der Schachtel war? Mandellebkuchen natürlich, wie es sie nur beim Nikolaus gibt.

Irina Korschunow

Kapitel II

Es weihnachtet sehr

Was die Spinne für Maria tat

Eines Abends hatten Maria und Josef Nachtquartier in einer Höhle genommen. Als sie eintraten, war gerade eine Spinne über den Weg gekrochen und Josef hatte sie schnell mit seinem Wanderstab verscheuchen wollen. Aber Maria hatte nur freundlich gesagt: »Ach Josef, lass nur das liebe Tierlein. Ich fürchte mich nicht vor Gottes Geschöpf und es ist ja Platz für uns alle hier.« Dann hatten sie sich bald zur Ruhe gelegt.

In jener Nacht aber blies ein tüchtiger Wind. Der wollte, ehe das Christkind geboren wurde, noch schnell alle Sterne am Himmel putzen, dass sie an Weihnachten auch schön golden glänzten. Der Wind pfiff auch in die Höhle hinein und seine Kälte setzte der armen Gottesmutter so zu, dass sie kein Auge zutun konnte, wie sehr sie sich auch in ihren Sternenmantel hüllte. Josef war neben ihr längst in Schlaf gesunken und merkte nicht, wie sehr sie fror.

Einer aber merkte, wie es um Maria bestellt war: Das war die Spinne. Sie hatte die Gottesmutter längst in ihr kleines Herz geschlossen, weil diese so freundlich über sie geredet hatte. Nun machte sich die Spinne ans Werk und webte vor den Eingang der Höhle ein wunderbares, feines Gewebe, so gut sie es nur vermochte. Ihr meint vielleicht, ein Spinngewebe könne den Wind doch nicht draußen halten. Dieses aber, so zierlich es auch war, wirkte ganz so wie ein dicker, dichter Vorhang, an dem die Gewalt des Windes zerbrach. So konnte Maria doch noch gut schlafen.

Als sie aber am Morgen das feine Spinngewebe vor dem Eingang der Höhle sah, da erkannte sie, wer ihr geholfen hatte, und sie dankte dem kleinen Tierlein herzlich, das versteckt in einer Felsspalte saß und sich freute.

Georg Dreißig

34

Das Häschen und die Rübe

*F*elder und Hügel waren mit hohem Schnee bedeckt und Häschen hatte nichts zu essen. Da ging es fort, um Futter zu suchen. Es fand zwei Gelbe Rüben.

Häschen aß eine Rübe und sagte: »Es schneit so sehr und es ist so bitterkalt, gewiss hat Eselchen nichts zu essen. Ich will ihm die Rübe bringen.« Sofort lief Häschen zu Eselchens Haus. Aber Eselchen war nicht zu sehen. Häschen legte die Rübe hin und hoppelte wieder fort.

Auch Eselchen war ausgegangen, um Futter zu suchen. Es fand ein paar Kartoffeln und ging zufrieden nach Hause.

Als es die Tür öffnete, sah es die Rübe. Woher mag diese Rübe sein? Eselchen wunderte sich.

Dann aß es seine Kartoffeln und sagte: »Es schneit so sehr und es ist so bitterkalt, gewiss hat Lämmchen nichts zu essen. Es soll die Rübe bekommen.«

Eselchen kullerte die Rübe zu Lämmchens Haus. Aber Lämmchen war nicht da. Behutsam legte Eselchen die Rübe hin und ging wieder fort.

Auch Lämmchen war ausgegangen, um Futter zu suchen. Es fand einen Kohlkopf und ging zufrieden nach Hause.

Als es die Tür öffnete, sah es die Rübe. Woher mag diese Rübe sein? Lämmchen wunderte sich.

Dann aß es den Kohlkopf und sagte: »Es schneit so sehr und es ist so bitterkalt, gewiss hat Rehlein nichts zu essen. Ich will ihm die Rübe bringen.«

Lämmchen nahm die Rübe und trug sie zu Rehleins Haus. Aber das Haus war leer. Lämmchen legte Rehlein die Rübe hin und lief schnell wieder fort.

Auch Rehlein war ausgegangen, um Futter zu suchen. Es fand grüne Blätter und ging zufrieden nach Hause.

Als es die Tür öffnete, sah es die Rübe. Woher mag diese Rübe sein? Rehlein wunderte sich.

Dann aß es die grünen Blätter und sagte: »Es schneit so sehr und es ist so bitterkalt, gewiss hat Häschen nichts zu essen. Ich werde Häschen die schöne Gelbe Rübe schenken.«

Und gleich lief Rehlein zu Häschens Haus. Aber Häschen hatte sich satt gegessen, war zu Bett gegangen und schlief. Rehlein wollte es nicht wecken und kullerte die Rübe leise zur Tür hinein.

Als Häschen erwachte, rieb es sich verwundert die Augen: Die Rübe war wieder da!

Es überlegte einen Augenblick, dann sagte es: »Gewiss hat mir ein guter Freund diese Rübe gebracht!«

Dann aß es die Rübe auf. Sie schmeckte sehr gut!

Chinesisches Märchen

Die stillste Zeit im Jahr

Immer am zweiten Sonntag im Advent stieg der Vater auf den Dachboden und brachte die große Schachtel mit dem Krippenzeug herunter. Ein paar Abende lang wurde dann fleißig geleimt und gemalt, etliche Schäfchen waren ja lahm geworden, und der Esel musste einen neuen Schwanz bekommen, weil er ihn in jedem Sommer abwarf wie ein Hirsch sein Geweih. Aber endlich stand der Berg wieder wie neu auf der Fensterbank, mit glänzendem Flitter angeschneit, die mächtige Burg mit der Fahne auf den Zinnen und darunter der Stall. Das war eine recht gemütliche Behausung, eine Stube eigentlich, sogar der Herrgottswinkel fehlte nicht und ein winziges ewiges Licht unter dem Kreuz. Unsere Liebe Frau kniete im seidenen Mantel vor der Krippe und auf der Strohschütte lag das rosige Himmelskind, leider auch nicht mehr ganz heil, seit ich versucht hatte, ihm mit der Brennschere neue Locken zu drehen. Hinten standen Ochs und Esel und bestaunten das Wunder. Der Ochs bekam sogar ein Büschel Heu ins Maul gesteckt, aber er fraß es ja nie. Und so ist es mit allen Ochsen, sie schauen nur und schauen und begreifen rein gar nichts.

Weil der Vater selber Zimmermann war, hielt er viel darauf, dass auch sein Patron, der Heilige Joseph, nicht nur so herumlehnte, er dachte sich in jedem Jahr ein anderes Geschäft für ihn aus. Joseph musste Holz hacken oder die Suppe kochen oder mit der Laterne die Hirten einweisen, die von überall her gelaufen kamen und Käse mitbrachten oder Brot oder was sonst arme Leute zu schenken haben.

Es hauste freilich ein recht ungleiches Volk in unserer Krippe, ein Jäger, der zwei Wilddiebe am Strick hinter sich herzog, aber auch etliche Zinnsoldaten und der Fürst Bismarck und überhaupt alle Bresthaften aus der Spielzeugkiste.

Ganz zuletzt kam der Augenblick, auf den ich schon tagelang lauerte. Der Vater klemmte plötzlich meine Schwester zwischen die Knie und ich durfte ihr das längste Haar aus dem Zopf ziehen, ein ganzes Büschel mitunter, damit man genügend Auswahl hatte, wenn dann ein golden gefiederter Engel darangeknüpft und über der Krippe aufgehängt wurde, damit er sich unmerklich drehte und wachsam umherblickte.

Das Gloria sangen wir selber dazu. Es klang vielleicht ein bisschen grob in unserer breiten Mundart, aber Gott schaut seinen Kindern ja ins Herz und nicht in den Kopf oder aufs Maul. Und es ist auch gar nicht so, dass er etwa nur Latein verstünde.

Mitunter stimmten wir auch noch das Lieblingslied der Mutter an, das vom Tannenbaum. Sie beklagte es ja oft, dass wir so gar keine musikalische Familie waren. Nur sie selber konnte gut singen, hinreißend schön für meine Begriffe, sie war ja auch in ihrer Jugend Kellnerin gewesen. Wir freilich kamen nie über eine Strophe hinaus. Schon bei den ersten Tönen fing die Schwester aus übergroßer Ergriffenheit zu schluchzen an. Der Vater hielt ein paar Takte länger aus, bis er endlich merkte, dass seine Weise in ein ganz anderes Lied gehörte, etwa in das von dem Kanonier auf der Wacht. Ich selber aber konnte in meinem verbohrten Grübeln, wieso denn ein Tannenbaum zur Winterzeit grüne Blätter hatte, die zweite Stimme nicht halten. Daraufhin brachte die Mutter auch mich mit einem Kopfstück zum Schweigen und sang das Lied als Solo zu Ende, wie sie es gleich hätte tun sollen. Advent, sagt man, sei die stillste Zeit im Jahr. Aber in meinem Bubenalter war es keineswegs die stillste Zeit. In diesen Wochen lief die Mutter mit hochroten Wangen herum, wie mit Sprengpulver geladen, und die Luft in der Küche war sozusagen geschwängert mit Ohrfeigen. Dabei roch die Mutter so unbeschreiblich gut, überhaupt ist ja der Advent die Zeit der köstlichen Gerüche. Es duftet nach Wachslichtern, nach angesengtem Reisig, nach Weihrauch und Bratäpfeln. Ich sage ja nichts gegen Lavendel und Rosenwasser, aber Vanille riecht doch eigentlich viel besser, oder Zimt und Mandeln.

Mich ereilten dann die qualvollen Stunden des Teigrührens. Vier Vaterunser das Fett, drei die Eier, ein ganzer Rosenkranz für Zucker und Mehl. Die Mutter hatte die Gewohnheit, alles Zeitliche in ihrer Kochkunst nach Vaterunsern zu bemessen, aber die mussten laut und sorgfältig gebetet werden, damit ich keine Gelegenheit fände, den Finger in den köstlichen Teig zu tauchen. Wenn ich nur erst den Bubenstrümpfen entwachsen wäre, schwor ich mir damals, dann wollte ich eine ganze Schüssel voll Kuchenteig aufessen, und die Köchin sollte beim geheizten Ofen stehen und mir dabei zuschauen müssen! Aber leider, das ist einer von den Knabenträumen geblieben, die sich nie erfüllt haben.

Am Abend nach dem Essen wurde der Schmuck für den Christbaum erzeugt. Auch das war ein unheilschwangeres Geschäft. Damals konnte man noch ein Buch echten Blattgoldes für ein paar Kreuzer beim Krämer kaufen. Aber nun galt es, Nüsse in Leimwasser zu tauchen und ein hauchdünnes Goldhäutchen herumzublasen. Das Schwierige bei der Sache war, dass man vorher nirgendwo Luft von sich geben durfte. Wir saßen alle in der Runde und liefen blaurot an vor Atemnot, und dann geschah es eben doch, dass jemand plötzlich niesen musste. Im gleichen Augenblick segelte eine Wolke von glänzenden Schmetterlingen durch die Stube. Einerlei, wer den Zauber verschuldet hatte, das Kopfstück bekam jedenfalls ich, obwohl es nur bewirkte, dass sich der goldene Unsegen von neuem in die Lüfte hob. Ich wurde dann in die Schlafkammer verbannt und musste Silberpapier um Lebkuchen wickeln, um ungezählte Lebkuchen.

Kurz vor dem Fest, sinnigerweise am Tag des ungläubigen Thomas, musste der Wunschzettel für das Christkind geschrieben werden, ohne

Kleckse und Fehler, versteht sich, und mit Farben sauber ausgemalt. Zuoberst verzeichnete ich anstandshalber, was ja ohnehin von selber eintraf, die Pudelhaube oder jene Art von Wollstrümpfen, die so entsetzlich bissen, als ob sie mit Ameisen gefüllt wären. Darunter aber schrieb ich Jahr für Jahr mit hoffnungsloser Geduld den kühnsten meiner Träume, den Anker-Steinbaukasten, ein Wunderwerk, nach allem, was ich davon gehört hatte. Ich glaube ja heute noch, dass sogar die Architekten der Jahrhundertwende ihre Eingebungen von dorther bezogen haben. Aber ich selber bekam ihn ja nie, wahrscheinlich wegen der ungemein sorgfältigen Buchhaltung im Himmel, die alles genau verzeichnete, gestohlene Zuckerstücke und zerbrochene Fensterscheiben und ähnliche Missetaten, die sich durch ein paar Tage auffälliger Frömmigkeit vor Weihnachten auch nicht mehr abgelten ließen.

Wenn mein Wunschzettel endlich fertig vor dem Fenster lag, musste ich aus brüderlicher Liebe auch noch den für meine Schwester schreiben. Ungemein zungenfertig plapperte sie von einer Schlafpuppe, einem Kramladen, lauter albernes Zeug. Da und dort schrieb ich wohl ein heimliches »Muss nicht sein« dazu, aber vergeblich. Am Heiligen Abend konnte sie doch eine Menge von Früchten ihrer Unverschämtheit ernten.

Der Vater, als Haupt und Ernährer unserer Familie, brauchte natürlich keinen Wunschzettel zu liefern. Für ihn dachte sich die Mutter in jedem Jahr etwas Besonderes aus. Ich erinnere mich noch an ein Sitzkissen, das sie ihm einmal bescherte, ein Wunderwerk aus bemaltem Samt, mit einer Goldschnur eingefasst. Er bestaunte es auch sehr und lobte es überschwänglich, aber eine Weile später schob er es doch heimlich wieder zur Seite. Offenbar wagte es nicht einmal er, auf einem röhrenden Hirschen zu sitzen, mitten im Hochgebirge.

Für uns Kinder war es hergebracht, dass wir nichts schenken durften, was wir nicht selber gemacht hatten. Meine Schwester konnte sich leicht helfen, sie war ja immerhin ein Frauenzimmer und verstand sich auf die Stickerei oder sonst eine von diesen hexenhaften Weiberkünsten, die mir zeitlebens unheimlich gewesen sind. Einmal nun dachte auch ich etwas

Besonderes zu tun. Ich wollte den Nähsessel der Mutter mit Kufen versehen und einen Schaukelstuhl daraus machen, damit sie ein wenig Kurzweil hätte, wenn sie am Fenster sitzen und meine Hosen flicken musste. Heimlich sägte ich also und hobelte in der Holzhütte und es geriet mir auch alles vortrefflich. Auch der Vater lobte die Arbeit und meinte, es sei eine großartige Sache, wenn es uns nur auch gelänge, die Mutter in diesen Stuhl hineinzulocken.

Aber aufgeräumt, wie sie am Heiligen Abend war, tat sie mir wirklich den Gefallen. Ich wiegte sie, sanft zuerst und allmählich ein bisschen schneller, und es gefiel ihr ausnehmend wohl. Niemand merkte jedenfalls, dass die Mutter immer stiller und blasser wurde, bis sie plötzlich ihre Schürze an den Mund presste – es war durchaus kein Gelächter, was sie damit ersticken musste. Lieber, sagte sie hinterher, weit lieber wollte sie auf einem wilden Kamel durch die Wüste Sahara reiten, als noch einmal in diesem Stuhl sitzen! Und tatsächlich, noch auf dem Weg zur Mette hatte sie einen glasigen Blick, etwas seltsam Wiegendes in ihrem Schritt.

Karl Heinrich Waggerl

Warum die Hasen weiße Schwänze haben

Das Häschen hatte einen ganzen Sommer lang auf den Wiesen herumgetollt, war gesprungen nach Herzenslust und hatte vor lauter Übermut auch tüchtig Purzelbaum geschlagen. Als aber der Winter kam und die Wiesen mit Schnee bedeckte und die Sonne immer weniger scheinen mochte, hatte es sich in seine Kuhle zurückgezogen. Die war schön weich mit Laub und Gras ausgepolstert. Das Häschen hatte sich hineingekuschelt, das Schnäuzchen zwischen die Pfoten gesteckt und so wollte es liegen und schlafen, bis der Frühling kam. Nur wenn der Hunger gar

zu arg nagte, verließ es seine warme Kuhle, um schnell dahin zurückzukehren, wenn der Bauch wieder voll war.

Da träumte dem Häschen eines Tages, ein Engel sei an sein Lager getreten,
habe es sanft an den langen Ohren gezupft, dass es erwachte, und zu ihm
gesprochen. Das Häschen schlug die Augen auf und schaute sich um. Den
Engel aus dem Traum konnte es nicht mehr sehen. Aber es erinnerte sich
noch seiner Worte: »Da sind zwei arme Menschen, die im Schnee den
Weg verloren haben. Lauf und hilf ihnen weiter. Dein Näschen führt dich
ja sicher.« Und tatsächlich! Gar nicht weit entfernt konnte das Häschen
die beiden sehen: einen Mann und eine Frau, dazu ein Eselchen. Der
Mann blickte suchend über das weite, weiße Feld, konnte aber keinen
Weg entdecken. Das Häschen aber spürte wohl den Geruch vom Rauch,
welcher aus den Schornsteinen der Häuser aufstieg, die in einer Senke
verborgen waren. Geschwind hüpfte es über den Schnee zu Maria und
Josef hin, machte Männchen vor ihnen und hoppelte dann auf das Dorf
zu. Als es sich umwandte, sah es, dass die Menschen immer noch am
selben Platz standen und ihm erstaunt nachblickten. Da lief es wieder zu
ihnen zurück, machte noch einmal Männchen und schlug Purzelbaum,
dass richtig ein kleiner Pfad im Schnee entstand. Da verstanden Maria
und Josef, was das Häschen wollte, und folgten ihm. Hoppelnd und
springend lief das Häschen nun voraus, bis das Dorf zu sehen war. Dort
blieb es stehen und wackelte fröhlich mit den langen Ohren. Wie freute es
sich, als Josef ihm von ganzem Herzen dankte! Noch schöner allerdings
war es, als die liebe Gottesmutter sich zu ihm niederbückte, es sanft
streichelte und ihm den Schnee aus dem Pelz klopfte. Sie tat das ganz
gründlich; nur an der Schwanzspitze blieb etwas Schnee haften. So kam
es, dass das Schwänzchen auch noch weiß war vom Schnee, als das
Häschen endlich wieder in seine warme Kuhle zurückgehoppelt war.

Als aber im Frühling der Schnee geschmolzen war, da war das Hasen-
schwänzchen immer noch weiß und ist es bis auf den heutigen Tag – zur
Erinnerung daran, dass das Häschen einmal Maria und Josef sicher über
den Schnee geführt hat.

Georg Dreißig

44

Eine Geschichte für Kinder

Ein Mädchen und ein Knabe fuhren in einer Kalesche von einem Dorf in das andere. Das Mädchen war fünf und der Knabe sechs Jahre alt. Sie waren nicht Geschwister, sondern Vetter und Base. Ihre Mütter waren Schwestern. Die Mütter waren zu Gast geblieben und hatten die Kinder mit der Kinderfrau nach Hause geschickt. Als sie durch ein Dorf kamen, brach ein Rad am Wagen und der Kutscher sagte, sie könnten nicht weiterfahren. Das Rad müsse ausgebessert werden und er werde es gleich besorgen.

»Das trifft sich gut«, sagte die Njanja, die Kinderfrau. »Wir sind so lange gefahren, dass die Kinderchen hungrig geworden sind. Ich werde ihnen Brot und Milch geben, die man uns zum Glück mitgegeben hat.«

Es war im Herbst und das Wetter war kalt und regnerisch. Die Kinderfrau trat mit den Kindern in die erste Bauernhütte, an der sie vorüberkamen. Die Stube war schwarz, der Ofen ohne Rauchfang. Wenn diese Hütten im Winter geheizt werden, wird die Tür geöffnet und der Rauch zieht so lange aus der Tür, bis der Ofen heiß ist. Die Hütte war schmutzig und alt, mit breiten Spalten im Fußboden. In einer Ecke hing ein Heiligenbild, ein Tisch mit Bänken stand davor. Ihm gegenüber befand sich ein großer Ofen.

Die Kinder sahen in der Stube zwei gleichaltrige Kinder: ein barfüßiges Mädchen, das nur mit einem schmutzigen Hemdchen bekleidet war, und einen dicken, fast nackten Knaben. Noch ein drittes Kind, ein einjähriges Mädchen, lag auf der Ofenbank und weinte ganz herzzerreißend. Die Mutter suchte es zu beruhigen, wandte sich aber von ihm ab, als die Kinderfrau eine Tasche mit blinkendem Schloss aus dem Wagen ins

Zimmer brachte. Die Bauernkinder staunten das glänzende Schloss an und zeigten es einander.

Die Kinderfrau nahm eine Flasche mit warmer Milch und Brot aus der Reisetasche, breitete ein sauberes Tuch aus auf dem Tisch und sagte: »So Kinderchen, kommt, ihr seid doch wohl hungrig geworden?«

Aber die Kinder folgten ihrem Ruf nicht. Sonja, das Mädchen, starrte die halb nackten Bauernkinder an und konnte den Blick nicht von ihnen abwenden. Sie hatte noch nie so schmutzige Hemden und so nackte Kinder gesehen und staunte sie nur so an. Petja aber, der Knabe, sah bald seine Base, bald die Bauernkinder an und wusste nicht, ob er lachen oder sich wundern sollte. Mit besonderer Aufmerksamkeit musterte Sonja das kleine Mädchen auf der Ofenbank, das noch immer laut schrie.

»Warum schreit sie denn so?«, fragte Sonja.

»Sie hat Hunger«, sagte die Mutter.

»So geben Sie ihr doch etwas.«

»Gern, aber ich habe nichts.«

»So, jetzt kommt«, sagte die Njanja, die inzwischen das Brot geschnitten und zurechtgelegt hatte.

Die Kinder folgten dem Ruf und traten an den Tisch. Die Kinderfrau goss ihnen Milch in kleine Gläschen ein und gab jedem ein Stück Brot. Sonja aber aß nicht und schob das Glas von sich fort. Und Petja sah sie an und tat das Gleiche.

»Ist es denn wahr?«, fragte Sonja, auf die Bauersfrau zeigend.

»Was denn?«, fragte die Njanja.

»Dass sie keine Milch hat?«

»Wer soll das wissen? Euch geht es nichts an.«

»Ich will nicht essen«, sagte Sonja.

»Ich will auch nicht essen«, sprach Petja.

»Gib ihr die Milch«, sagte Sonja, ohne den Blick von dem kleinen Mädchen abzuwenden.

»Schwatze doch keinen Unsinn«, sagte die Njanja. »Trinkt, sonst wird die Milch kalt.«

»Ich will nicht essen, ich will nicht!«, rief Sonja plötzlich.

»Und auch zu Hause werde ich nicht essen, wenn du ihr nichts gibst.«

»Trinkt ihr zuerst, und wenn etwas übrig bleibt, so gebe ich ihr.«

»Nein, ich will nichts haben, bevor du ihr etwas gegeben hast. Ich trinke auf keinen Fall.«

»Ich trinke auch nicht«, wiederholte Petja.

»Ihr seid dumm und redet dummes Zeug«, sagte die Kinderfrau. »Man kann doch nicht alle Menschen gleichmachen! Das hängt eben von Gott ab, der dem einen mehr gibt als dem andern. Euch, eurem Vater, hat Gott viel gegeben.«

»Warum hat er ihnen nichts gegeben?«

»Das geht uns nichts an – wie Gott will«, sagte die Njanja. Sie goss ein wenig Milch in eine Tasse und gab diese der Bauersfrau. Das Kind trank und beruhigte sich.

Die beiden anderen Kinder aber beruhigten sich noch immer nicht und Sonja wollte um keinen Preis etwas essen oder trinken.

»Wie Gott will …«, wiederholte sie. »Aber warum will er es so? Er ist ein böser Gott, ein hässlicher Gott, ich werde nie wieder zu ihm beten.«

»Pfui, wie abscheulich!«, sagte die Njanja. »Warte, ich sage es deinem Papa.«

»Du kannst es ruhig sagen, ich habe es mir ganz bestimmt vorgenommen. Es darf nicht sein, es darf nicht sein.«

»Was darf nicht sein?«, fragte die Njanja.

»Dass die einen viel haben und die anderen gar nichts.«

»Vielleicht hat Gott es absichtlich so gemacht«, sagte Petja.

»Nein, er ist schlecht, schlecht. Ich will weder essen noch trinken. Er ist ein schlimmer Gott! Ich liebe ihn nicht.«

Plötzlich ertönte vom Ofen herab eine heisere, vom Husten unterbrochene Stimme. »Kinderchen, Kinderchen, ihr seid liebe Kinderchen, aber ihr redet Unsinn.«

Ein neuer Hustenanfall unterbrach die Worte des Sprechenden. Die Kinder starrten erschrocken zum Ofen hinauf und erblickten dort ein runzliges Gesicht und einen grauen Kopf, der sich vom Ofen herabneigte. »Gott ist nicht böse. Kinderchen, Gott ist gut. Er hat alle Menschen lieb. Es ist nicht sein Wille, dass die einen Weißbrot essen, während die anderen nicht einmal Schwarzbrot haben. Nein, die Menschen haben es so eingerichtet. Und sie haben es darum getan, weil sie ihn vergessen haben.« Der Alte bekam wieder einen Hustenanfall. »Sie haben ihn vergessen und es so eingerichtet, dass die einen im Überfluss leben und die anderen in Not und Elend vergehen. Würden die Menschen nach Gottes Willen leben, dann hätten alle, was sie nötig haben.«

»Was soll man aber tun, damit alle Menschen alles Nötige haben?«, fragte Sonja.

»Was man tun soll?«, wisperte der Alte. »Man soll Gottes Wort befolgen. Gott befiehlt, man soll alles in zwei Teile teilen.«

»Wie, wie?«, fragte Petja.

»Gott befiehlt, man soll alles in zwei Teile teilen.«

»Er befiehlt, man soll alles in zwei Teile teilen«, wiederholte Petja. »Wenn ich einmal groß bin, werde ich das tun.«

»Ich tue es auch«, versicherte Sonja.

»Ich habe es eher gesagt als du!«, rief Petja. »Ich werde es so machen, dass es keine Armen mehr gibt.«

»Na, nun habt ihr genug Unsinn geschwatzt«, sagte die Njanja. »Trinkt die Milch aus.«

»Wir wollen nicht, wollen nicht, wollen nicht!«, riefen die Kinder einstimmig aus. »Wenn wir erst groß sind, tun wir es unbedingt.«

»Ihr seid brave Kinderchen«, sagte der Alte und verzog seinen Mund zu einem breiten Lachen, dass die beiden einzigen Zähne in seinem Unterkiefer sichtbar wurden. »Ich werde es leider nicht mehr erleben. Ihr habt aber einen wackeren Entschluss gefasst. Gott helfe euch.«

»Mag man mit uns machen, was man will«, rief Sonja, »wir tun es doch!«

»Wir tun es doch«, bekräftigte auch Petja.

»Das ist recht, das ist recht«, sprach der Alte lächelnd und hustete wieder. »Und ich werde mich dort oben über euch freuen«, sprach er, nachdem der Husten vorüber war. »Seht nur zu, dass ihr's nicht vergesst.«

»Nein, wir vergessen es nicht!«, riefen die Kinder aus.

»Recht so, das wäre also abgemacht.«

Der Kutscher kam mit der Nachricht, dass das Rad ausgebessert sei, und die Kinder verließen die Stube.

Was aber weiter sein wird, werden wir ja sehen.

Leo Tolstoi

Wichteln

*F*rau Sulzbacher hatte in der großen Pause die Aufsicht auf dem Schulhof.

Aus der Ecke am Toilettengebäude schallte es herüber im Chor: »Spaghettifresser Tonio hat Wanzen, Läuse und 'nen Floh.« Sie lief auf die Kinder zu, die in einer Traube um Tonio Zuccarelli herumstanden und ihn in die Ecke gedrängt hatten.

Tonio hatte die Fäuste in die Hosentaschen gesteckt, die Schultern hochgezogen und starrte auf den Boden. Er war einen Kopf größer als die anderen Kinder der 3. Klasse.

»Spaghettifresser …«, stimmte Kalle Blum erneut laut den Spottvers an.

»Schluss jetzt!«, rief Frau Sulzbacher und drängte die Kinder auseinander. »Es ist sehr hässlich von euch«, tadelte sie ihre Klasse, »den Tonio immer zu ärgern.«

»Es macht Spaß, wenn er wütend wird«, sagte Kalle Blum.

»Dann sieht er aus wie ein Hund, wenn er eine Katze riecht!«, rief Sylvia.

»Still jetzt! Kein Mensch sieht aus wie ein Hund.«

»Doch«, widersprach Sylvia, »wenn Tonio die Wut kriegt, dann sieht er aus wie unser Hund.«

»Genauso sieht er aus!«, bestätigte Kalle Blum, obwohl er Sylvias Hund noch nie gesehen hatte.

Kalle hatte Wut auf Tonio. Bevor der »Itaker« in die Klasse gekommen war, war Kalle der Stärkste gewesen. Tonio war stärker. Und Papa Blum sagte es auch, »die ›Spaghettis‹ nehmen uns hier nur die Arbeitsplätze weg.« Warum musste Frau Sulzbacher den Itaker ausgerechnet an Kalles Tisch setzen? Papa hatte auch gesagt: »Die Ausländer, die sollten sie in die deutschen Klassen erst gar nicht reinlassen.«

Nach der Pause machte Frau Sulzbacher einen Vorschlag. »Weil Adventszeit ist, wollen wir ein schönes Spiel machen«, sagte sie. »Ich habe auf kleine Zettelchen die Namen aller Kinder in der Klasse aufgeschrieben.

Jeder darf ein Zettelchen ziehen. Keiner soll verraten, welchen Namen er gezogen hat.«

»Zu niemand darf man das sagen?«, fragte Sylvia.

»Zu niemand. Denn ihr könnt für das Kind, dessen Namen ihr gezogen habt, ein Wichtel sein!«

»Wichtel? Blöd! Was ist das denn?«, schrien die Kinder durcheinander.

»Ich habe den Namen und das Spiel nicht erfunden«, sagte Frau Sulzbacher. »Aber ich kann euch erklären, was er bedeuten soll. Für jeden Tag soll ein Wichtel überlegen, wie er dem anderen eine Überraschung bereiten kann. Alles muss ganz heimlich geschehen. Niemand darf sagen, wem er in der Adventszeit kleine Freuden machen will.«

»Quatsch«, sagte Kalle. »Wichtelei, so 'n Quatsch!«

»Kein Quatsch«, widersprach Frau Sulzbacher. »Freude wird doppelt schön, wenn man sie weitergibt.«

»Und wenn ich den Namen von dem da ziehe? Soll ich dem etwa jeden Tag etwas zustecken?« Kalle zeigte dabei auf Tonio.

Das wäre für den Kalle ganz gut, dachte Frau Sulzbacher.

Aber Kalle zog nicht Tonios Zettel. Auf seinem Blatt stand Michael.

Am ersten Tag fand Kalle in seiner Anorakjacke ein Zimtplätzchen. Wer wusste, dass er Zimtplätzchen am liebsten aß? War es sein Freund Hannes, der ihn beschenkte?

Am zweiten Tag entdeckte er in seinem Etui ein Sammelbild von Hansi Müller. Genau dieser Fußballer fehlte ihm. Der Wichtel musste ihn genau kennen. Wer war es?

An den folgenden Tagen bekam er lauter Kleinigkeiten, die er schon lange haben wollte: einen Bleistiftspitzer in einer kleinen Weltkugel, einen riesigen Kaugummi, eine winzige Glaskugel, einen Angelhaken – und einmal sogar etwas, worüber die ganze Klasse staunte. Kalle hatte arglos in die Tasche gefasst und war erschreckt zurückgefahren. In der Tasche bewegte sich etwas. Vorsichtig zog er ein kleines braunes Knäuel heraus, das sich als junger Goldhamster entpuppte. Jetzt konnte Kalle es vielleicht herausbekommen, wer ihn beschenkte. Wer hatte zu Hause Goldhamster? Aber sosehr er auch forschte, er kam nicht weiter. Hannes besaß zwar einen Goldhamster, aber wer hat schon gehört, dass ein Hamsterbock Junge bekommt?

Am allerletzten Schultag vor den Weihnachtsferien ahnten die meisten Schüler, wer ihr Wichtel gewesen war. Es war eine schöne Zeit des Ratens und der Überraschungen gewesen. Nur Kalle hatte immer noch keinen Schimmer, wer ihn beschenkt hatte. Da fand er nach der großen Pause einen herrlichen Satz italienischer Briefmarken in seinem Schreibheft. Briefmarken? Italienische? Kalle blickte zweifelnd zu Tonio hinüber. Der schaute ihn ängstlich an.

»Du, Spaghettifr ...?« Kalle schluckte. »Du warst das, Tonio?«

Tonio nickte.

»Mensch!«, sagte Kalle. Er kam sich gemein vor.

»Danke«, sagte er.

»War schön!«, antwortete Tonio.

Am Heiligen Abend brachte der Briefträger eine riesengroße Weih-nachtskarte für Schüler Tonio Zuccarelli. »Lieber Tonio! Fröhliche Weihnachten wünscht dir von Herzen Kalle«, stand darauf.

Tonio heftete die Karte mit einer Nadel an die Tapete über sein Bett.

Willi Fährmann

Der schlaue Fuchs

Barbara hat schon oft gesehen, wie ein Gänseküken aus dem Ei geschlüpft ist. Aber jedes Mal ist es für sie wieder ein neues Wunder. Erst sieht man nur die Risse in der Schale und dann den winzigen picken-den Schnabel und schließlich erblickt ein kleines Wesen zum ersten Mal das Licht der Welt!

Ein paar Eierschalen hängen noch an dem Küken, das jetzt seine ersten Schritte macht. Da fegt plötzlich der Hund über den Hof. Die Gänsemut-ter bringt sich schnatternd hinter dem alten Pferdestall in Sicherheit. Die Küken, die schon vor einer Weile geschlüpft waren, laufen aufgeregt piepsend hinter ihr her. Das frisch geschlüpfte Küken findet sich in der Welt noch nicht zurecht und macht aufgeregt »wi-wi-wi«.

»Komm her zu mir!«, ruft Barbara. »Der Hund tut dir nichts!« Sie nimmt das kleine Gänseküken behutsam in ihre warme Hand.

Barbara lebt mit ihren Eltern, Geschwistern und Großeltern auf einem Bauernhof. Und sie hätte nirgends anders leben mögen, denn sie liebt Tiere. Vor allem Küken, Ferkel, Welpen, Kätzchen, Kaninchen – kurz alles, was auf dem Bauernhof klein und schutzbedürftig ist. Kein Wunder, dass sie sich gern um das kleine Küken kümmert, das die anderen im Stich gelassen haben.

Und weil das Gänsekind als erstes Wesen auf der Welt Barbara gesehen hatte und nicht die Gans, hielt es Barbara für seine Mutter. Den ganzen Frühling über lief es hinter Barbara her, über die Wiese, am See entlang, in den Wald. Es badete sogar mit Barbara im Teich. Es rannte hinter Barbara her, wenn sie in die Schule wollte, und es schlief in einem weichen Pullover neben Barbaras Bett. Die anderen lachten, wenn sie Barbara mit ihrer Gans sahen, und nannten die kleine Gans Baba.

Die Gans wuchs im Sommer natürlich draußen auf der Weide mit den anderen Gänsen auf. Aber wenn sie Barbara sah, lief sie aufgeregt schnatternd auf sie zu, um sie zu begrüßen. Die jungen Gänse wuchsen heran. Auch aus Baba war im Herbst eine stattliche Gans mit weichen Federn und einem kräftigen Schnabel geworden, die außer Barbara keinen an sich herankommen ließ. Dann kam der Winter.

Die Gänse kamen von der Weide in den Stall.

»Macht die Tür gut zu! Wir haben draußen beim Teich einen Fuchs gesehen!«, warnte der Großvater und schob den Riegel vor. Und die Großmutter sagte:

»Fehlte noch, dass uns der Weihnachtsbraten weggeholt wird!«

Da erinnerte sich Barbara mit Schrecken daran, dass jedes Jahr zur Weihnachtszeit die Gänse auf dem Markt verkauft wurden. Und eine – die schönste – behielt Großmutter als Weihnachtsbraten zurück. Und die schönste Gans war ohne Zweifel Baba! Baba als Weihnachtsgans? Das war Mord!

Beim Mittagessen schmiedete Barbara einen Plan: Nach dem Abendessen, als alle dachten, dass sie längst im Bett sei, schlich sie hinaus zum Stall. Sie holte Baba heraus und lockte sie mit einer Hand voll Futter zum alten Pferdestall. Der wurde nicht mehr benutzt, weil es auf dem Bauernhof keine Pferde mehr gab. Der Großvater hatte sogar davon gesprochen, das baufällige Gebäude im nächsten Jahr abzureißen. Aber jetzt war es das ideale Versteck für Baba. Barbara öffnete eine der leeren Boxen, verteilte Stroh auf dem Boden und setzte Baba hinein. Sie gab ihr Wasser und etwas zu fressen.

»Hier kannst du es eine Weile aushalten, Baba. Morgen besuche ich dich und bringe neues Futter«, versprach Barbara. Sie schloss die Tür sorgfältig hinter sich und ging zum Haus zurück. Vor dem Gänsestall zögerte sie, lief noch einmal hinein, holte eine Hand voll Federn heraus und verteilte sie vor der Tür, ehe sie den Riegel wieder vorschob. Dann ging sie zufrieden in ihr Zimmer. Bevor sie ins Bett ging, sah sie von ihrem Fenster aus zu dem alten Stall hinüber, der friedlich im Mondlicht auf der Wiese lag. Keiner außer ihr kannte sein Geheimnis.

Als sie am nächsten Morgen mit dem Großvater das Futter zum Gänsestall brachte, entdeckten sie die Federn gemeinsam. Barbara riegelte die Stalltür auf und rief: »Großvater, Baba ist weg! Die muss der Fuchs gestohlen haben!«

Der Großvater sah sie prüfend an und sagte dann:

»Soso. Die Baba hat der Fuchs gestohlen. Schade. Sehr schade. Es muss allerdings ein ganz schlauer Fuchs gewesen sein, weil er sich die allerschönste Gans ausgesucht hat!«

Barbara antwortete nicht. Sie sah verlegen auf den Boden.

»Die arme Baba«, sagte die Großmutter beim Frühstück.

»Jaja, gegen einen schlauen Fuchs kann man nichts ausrichten«, brummte der Großvater und zwinkerte Barbara zu. »Er war sogar so schlau, dass er hinterher wieder den Riegel vorgeschoben hat.«

Barbara bekam einen roten Kopf. Da hatte sie doch in alter Gewohnheit den Riegel vorgeschoben! Wie konnte sie nur so dumm sein!

»Nun«, meinte der Großvater, »da müssen wir in diesem Jahr eben auf einen Weihnachtsbraten verzichten. Wenn ihr mich fragt, so bekommt mir das sowieso besser. Meine Galle, ihr wisst ja, da ist Gänsefett nicht das Beste …«

»Dieses Jahr – keinen Gänsebraten?«, vergewisserte sich Barbara.

Die Großmutter staunte. Die anderen auch.

»Naja. Sag ich doch! Wenn ich mir etwas wünschen darf: Böhmische Pflaumenknödel, mit Zimt und Zucker, so wie sie meine Mutter immer gemacht hat.«

Damit waren alle einverstanden. Und als der Großvater hinausging, rief er Barbara zu: »Ein schlauer Fuchs. Wirklich. Würde mich nicht wundern, wenn er Baba wieder in den Stall zurückbringt. Jetzt, wo es Pflaumen-knödel zu Weihnachten gibt!«

Ursel Scheffler

Zu Weihnachten eine Giraffe

Hummelchen sagte zu ihren Eltern: »Ich habe mir was vom Christkind gewünscht, ich bete jeden Abend, dass ich es kriege!«

»So? Was denn?«, fragten belustigt die Eltern.

»Eine Giraffe. Ich kriege sie, weil ich nicht mehr lügen tu und den Martin von der Schnellgaststätte nie mehr verhaue! Das Christkind bringt sie mir bestimmt!«

»Meinst du eine Giraffe aus Holz oder Stoff?«, fragte der Vater lächelnd.
»Nee«, rief Hummelchen, »so eine doch nicht, eine richtige, eine lebendige wie die im Zoo. Sooo groß!« Und Hummelchen streckte beide Ärmchen hoch, um zu zeigen, wie groß.

»Aber Hummelchen, das ist doch ausgeschlossen, eine lebendige Giraffe in unserer kleinen Wohnung, das geht doch gar nicht. Wo soll das Tier denn wohnen?«

»Im Hof«, beteuerte Hummelchen. »Das Christkind baut einen Stall, das Christkind kann alles, das kann viel mehr als ihr. Ich will auch sonst gar nix, keine neue Perücke für meine Amanda, ich will nur die Giraffe, die große, lebendige! Ich bete nicht nur zum Christkind, ich bete auch jeden Abend zum lieben Gott! Die zwei, die können das doch?«

Ratlos sahen sich die Eltern an. Die Mutter machte dem Vater leise Vorwürfe, sie sei immer dagegen gewesen, das Kind so unreal zu erziehen, aber der Vater meinte, nichts gehe über den Zauber solchen Kinderglaubens.

»Dann sieh jetzt, wie du fertig wirst«, entgegnete die Mutter.

Der Vater versuchte es von der Puppenstube bis zum Kasperltheater, alles hätte er gekauft, wenn nur Hummelchen von diesem wahnwitzigen Wunsch abzubringen gewesen wäre.

Aber es war hoffnungslos. Immer wieder beteuerte sie: »Nur eine Giraffe, eine lebendige, sonst nichts, das Christkind weiß das schon!«

»Aber Kind, wer soll sie denn füttern?«

»Du, Vati, du kannst das doch, das Christkind schenkt das Heu mit!«, versicherte Hummelchen.

»Ich habe doch keine Zeit!«

»So viel Zeit hast du«, meinte Hummelchen und ließ sich durch nichts beirren. »Das Christkind kann mehr als du und die Mutti. Es fliegt in die Wüste und holt mir die Giraffe, die große, lebendige, ich heiße sie Karoline! Ich freue mich!« Das Kind strahlte förmlich von innen.

Eine Giraffe in einer Zwei-Zimmer-Wohnung, wo höchstens ein Goldfisch Platz fand, es war zu lächerlich. Der Vater war ganz verzweifelt. Pläne wurden überlegt und wieder verworfen. Schließlich kam dem Vater ein Gedanke. Er setzte sich mit der Zoodirektion in Verbindung und gab allerlei Geschenke an die Wärter.

Dann, früh am Heiligen Abend, zog er sein Hummelchen an und ging mit ihr zum Zoologischen Garten. Das Tor wurde extra geöffnet und vorbei am Raubtierhaus ging es zum Giraffenstall. Dort brannte ein kleiner Lichterbaum und am Gitter hing ein großes Schild, darauf stand zu lesen:

»Diese Giraffe gehört dem kleinen Hummelchen!«

Ferner gab es einen blassblauen Brief, mit Sternchen beklebt, vom Christkind, darin hieß es:

»Diese Giraffe muss bei ihrem Pfleger bleiben. Der Vater hat zu wenig Zeit und die Giraffe bekommt sonst Heimweh!«

In dem Brief lag eine Dauerkarte für den Zoo, die Hummelchen täglich benutzen konnte.

Als der Vater ihr alles erklärt und vorgelesen hatte und die Giraffe mit ihrem herrlichen Hals langsam auf und ab ging, faltete Hummelchen ihre rundlichen Händchen und sagte laut: »Lieber Gott und liebes Christkind, ich danke euch für die Giraffe, die große, lebendige! Amen.« Und dann rief sie dem Vater zu: »Siehst du, ich hab's ja gesagt, dass das Christkind alles kann!«, während der Vater sich mit seiner beschlagenen Brille zu schaffen machte.

Lotte Tiedemann

Der Engel mit dem Gipsarm

Jetzt will ich euch erzählen, wie Dang Fratzer einmal einen Weihnachtsengel spielte.

Dang Fratzer geht in die dritte Klasse zu Frau Timm. Aber er sieht anders aus als die anderen Kinder. Seine richtigen Eltern waren Vietnamesen. Dang ist in Vietnam geboren. Das ist ein ganz fernes Land auf der anderen Seite der Erde. Als Dang zur Welt kam, wütete dort gerade ein schrecklicher Krieg. Nie möchte ich einem Kind wünschen, dass es in einem Land zur Welt kommt, in dem gerade Krieg ist. Etwas Schlimmeres kann man sich nicht denken. Dangs Eltern und alle seine Geschwister und Verwandten wurden von Soldaten getötet. Nur er allein blieb zurück. Zum Glück war Dang noch klein und begriff nichts. Jemand brachte ihn in ein Waisenhaus. Und eines Tages fuhr er mit anderen Waisenkindern auf einem Schiff nach Deutschland und kam in ein Kinderheim hier in unserer Stadt.

Dort sahen ihn Fratzers. Sie hatten ihn gleich so lieb, dass sie ihn mit zu sich nach Hause nahmen und später adoptierten. Fratzers haben keine

eigenen Kinder. So ist Dang ihr Kind geworden. Er sagt Papa und Mama
zu Herrn und Frau Fratzer und ist ebenso gut deutsch wie jedes andere
Kind in der Straße.

Von Vietnam und vom Krieg weiß er nichts mehr. Nur nachts hat er
manchmal schlimme Träume. Dann schlägt er um sich und schreit. Aber
am Morgen hat er alles vergessen und ist wieder vergnügt.

Als Frau Timm nach den Herbstferien anfing, mit der Klasse ein Krippenspiel einzuüben, wollte Dang unbedingt den Verkündigungsengel spielen.
Der Verkündigungsengel – das ist der, der den Hirten auf dem Feld die
Geburt des Jesuskindes verkündet. Die ganze Klasse lachte, als Dang sich
dafür meldete. Und Marion Holzapfel, die unter allen Umständen selber
den Engel spielen wollte, rief:

»Quatsch! Ein Junge kann doch kein Engel sein!«

»Kann der doch«, antwortete Dang eigensinnig.

»Schließlich heißt es *der* Engel!«

Und am anderen Tag kam er an und verkündete:

»Mein Papa sagt, in der Bibel sind die Engel überhaupt immer nur Männer und haben Männernamen.«

»Aber sie sehen nicht vietnamesisch aus!«, rief Marion. »Sie haben helle, blonde Haare und eine liebliche Stimme.«

Das mit der Stimme sagte sie, weil Dang eine raue, brummelige Stimme hat.

Aber am nächsten Tag meldete sich Dang wieder und erklärte:

»Mein Papa sagt, in den biblischen Geschichten steht gar nichts davon, wie Engel aussehen und was sie für Stimmen haben.«

»Das stimmt«, gab Frau Timm zu. »Da hat dein Papa Recht.«

Und um die Sache endlich zu entscheiden, machte sie zwei Loszettel – einen leeren und einen, auf dem »Engel« stand. Sie ließ Dang und Marion ziehen. Und es war Dang, der gewann. Marion zog den leeren Zettel und sollte bei den himmlischen Heerscharen mitsingen, weil sie eine liebliche Stimme hat. Sie war so enttäuscht! Dang aber war der eifrigste Verkündigungsengel, der jemals in der Kirche herumgeschwebt war. Ja, es sah wirklich fast so aus, als ob er schwebte, wenn er in dem weißen Gewand, das seine Mutter ihm genäht hatte, hinter dem Altar hervortrat und mit hochgereckten Armen die himmlische Botschaft verkündete.

Doch eines Tages kam er zur Probe und hatte den rechten Arm in Gips. Stellt euch vor, er hatte heimlich vom Garagendach aus »Fliegen« geübt, weil er dachte, es wäre nützlich für einen Engel, wenn er wenigstens ein ganz klein wenig fliegen konnte. Leider war er bei der Landung so ungeschickt aufgekommen, dass er sich den Arm gebrochen hatte.

Frau Timm hörte sich die Geschichte an und schüttelte bekümmert den Kopf.

»Ich kann mir ja wirklich alle Arten von Engeln vorstellen«, sagte sie, »Jungen und Mädchen, schwarz oder weiß oder vietnamesisch. Aber einen Engel mit Gipsarm? Wie willst du denn nun die Arme ausbreiten, wenn du den Hirten die Botschaft verkündest?«

Marion Holzapfel kam herbeigestürzt und rief:

»Jetzt kann Dang nicht mehr der Engel sein, nicht wahr, er kann kein Engel mehr sein?«

Aber Dang schob sie zur Seite und sagte zu Frau Timm:

»Mein Papa sagt, es kommt nicht darauf an, ob ein Engel die Arme ausbreiten kann oder nicht. Es kommt auf die Botschaft an. Und die kann ich ja sagen!«

Und er riss den Mund auf und ließ die Backenmuskeln spielen, damit jeder sehen konnte, wie gut sein Mund in Ordnung war.

Frau Timm seufzte.

»Na schön«, sagte sie. »Aber pass auf, dass du dir bis zur Aufführung nicht noch einen Zahn herausbrichst.«

Das versprach Dang.

So geschah es, dass in diesem Jahr der Verkündigungsengel schwarze struppige Haare hatte, vietnamesisch aussah und den rechten Arm in der Schlinge trug. Die Leute, die am Heiligen Abend in die Kirche kamen und sich das Krippenspiel anschauten, wunderten sich ein wenig darüber. Manche dachten wohl, es sei noch gar nicht der richtige Verkündigungsengel. Aber dann erhob er seine Stimme und sagte:

»Fürchtet euch nicht! Siehe, ich verkünde euch große Freude, die allem Volk widerfahren wird; denn euch ist heute der Heiland geboren, welcher ist Christus, der Herr, in der Stadt Davids.«

Da begriffen die Leute, dass alles seine Richtigkeit hatte.

Renate Schupp

Der Tannenbaum

Im Walde steht ein
Tannenbaum
Mit Nadeln spitz und fein,
Damit näht sich der Distelfink
Sein buntes Röckelein.

Er stehet da so kerzengrad,
Und grün ist stets sein Kleid,
Im Frühling und im
Sommer wohl
Und auch zur Winterszeit.

Christkindchen schickt durch
Schnee und Eis
Herrn Niklas dann hinaus,
Der schneidet ab den Tannenbaum
Und nimmt ihn mit nach Haus.

Christkindchen hängt mit
zarter Hand
Viel Nüss und Äpfel dran,
Und Lichtlein steckt's auf
jeden Zweig,
Dazu auch Marzipan.

Und kommt die liebe Weihnachtszeit,
Da klingelt die Mama.
Wie steht der grüne Tannenbaum
So bunt und helle da!

Du Tannenbaum im dunklen Wald,
Bald wirst du abgestutzt.
Drum freue dich, dann wirst du auch
Gar herrlich aufgeputzt!

Georg Christian Dieffenbach

Ein Geschenk für den Vogel

Nicht weit von Bobrek am Rande des großen Waldes steht ein altes, weißes Haus. Vor dem Haus in dem kleinen Garten wachsen Sonnenblumen, denn Sonnenblumen sind wichtig. Zum Beispiel an den Winterabenden! Die Kälte lauert vor den Türen, und die Zeit wird lang. Da sitzt man gemütlich hinter dem Ofen und wartet. Man nimmt einen oder zwei Sonnenblumenkerne zwischen die Zähne, schon vergeht die Zeit schneller, und – das ist wichtig – man kann besser denken.

Der Mann, der in dem Haus wohnt – das ist der Onkel Poppoff. Er ist bloß ein einfacher Mann, aber Onkel Poppoff weiß von allem, was es bedeutet. Er versteht die Hasensprache, er kann lesen, was die Maikäfer auf die Baumblätter schreiben, er versteht, was die Raben mit ihren Flügeln an den Himmel kratzen, und kann – was für einen alten Mann nicht einfach ist – die Rotkehlchensprache pfeifen. Kommt durch Zufall einer an dem kleinen, weißen Haus vorbei, kann es sein, dass er jemanden pfeifen hört. Etwa so: »Tirilili tirilili tirililitirila, prülititi prülititi prülititi prülita.« – Das ist die Rotkehlchensprache und der sie pfeift, das ist der Onkel Poppoff.

Bald kam der Winter über das Land und der Schnee deckte alles zu. Es war genau zu Weihnachten, da ging Onkel Poppoff auf den Vogelmarkt und kaufte einen Vogel. Einen Hänfling.

An diesem Tag war Onkel Poppoff allein. Und weil gerade Markt war im Dorf, zog er seine Handschuhe an, setzte seine Mütze auf und machte sich auf den Weg. Über die Felder, durch den Schnee, in das Dorf und auf den Markt. In jedem Jahr stand an der gleichen Stelle auf dem Markt der Vogelhändler.

Onkel Poppoff stand lange vor den Käfigen und schaute hinein. Er schaute den Vögeln ins Gesicht, denn an den Augen konnte er erkennen, welchen Vogel er kaufen wollte.

»Der da! Was ist mit dem da?«, fragte er den Vogelhändler. Da saß in einem kleinen Käfig auf dem Boden ein kümmerlicher, grauer Vogel. Er schaute vor sich hin und bewegte sich nicht. Wie tot.

»Ist bloß ein Hänfling«, sagte der Vogelhändler, »gewöhnlicher Vogel, singt nicht, piepst nicht, rührt sich nicht vom Fleck. Kostet nicht viel. Eins fuffzig mit Käfig – aber, und das sage ich ausdrücklich: ohne Garantie.«

»Käfig hab ich selber«, sagte Onkel Poppoff, »was kostet er ohne?«

»Neunzig«, sagte der Mann, und Onkel Poppoff besaß auch bloß neunzig, die er gespart hatte.

Er sagte: »Nehm ich«, und der Mann steckte den Hänfling in den kleinen Käfig, den der Onkel Poppoff in den Händen hielt.

»Ohne Garantie«, rief der Mann ihm nach, »das habe ich gesagt!«

Onkel Poppoff steckte den Käfig unter die Jacke, damit der Vogel nicht fror, und ging nach Hause. Er blieb von Zeit zu Zeit stehen, blies warme Luft in den Käfig, nahm ein paar Sonnenblumenkerne aus der Hosentasche, biss sie auf und legte sie dem Vogel hinein.

Zu Hause machte er ein Feuer an, stellte den Vogel auf den Tisch, gab ihm Futter und Wasser, und als der Abend kam, saßen sie beide vor dem Feuer und lauschten, ob die Glockentöne schon über das Feld kamen.

Bald hatte sich der Vogel aufgewärmt, da hüpfte er herum und sang ein bisschen.

Die Nacht wurde immer tiefer. Es wurde still in der Stube, das Feuer fiel zusammen.

Dann nahm der Onkel Poppoff den Käfig, trug ihn nach draußen, machte die Käfigtür auf und schenkte dem Vogel seinen Wald wieder.

In dieser Nacht träumte Onkel Poppoff von einem Glockenton, der in den Himmel geflogen war und ein Stern wurde.

Janosch

Karpfenzauber

Sarahs Papa hatte einen Freund, und Papas Freund hatte außerhalb der Stadt einen Fischteich. Einmal, im Sommer, war Papa mit Sarah dorthin geradelt. Damals hatte die Sonne geschienen und die Vögel hatten gezwitschert. Sarah durfte sogar angeln, aber sie hatte keinen Fisch gefangen.

Im Winter, kurz vor Weihnachten, polterte es nachmittags draußen gegen die Haustür.

»Der Weihnachtsmann kommt!«, rief Sarah.

»Der kommt erst nächste Woche«, sagte Mama und machte auf. Draußen stand Papas Freund. Er hatte es eilig und wollte nicht reinkommen.

Er stellte nur einen Eimer auf die Schwelle, sagte: »Frohes Fest! Guten Appetit!« und verschwand wieder.

Im Eimer schwamm ein Karpfen. Er war so groß, dass er kaum Platz hatte. Mal schnappte sein rundes Maul über und mal unter dem Wasser.

»Ach du meine Güte, das arme Tier!«, rief Mama. Sie lief ins Bad und ließ Wasser in die Wanne laufen. Dann holte sie den Eimer und kippte den Karpfen hinein.

Als Papa heimkam, saß Sarah auf dem Klodeckel. Sie drehte sich um und sagte: »Guck mal, der heißt Thomas.« Papa guckte in die Wanne und stellte fest: »Thomas heißt der Junge von nebenan. Dies hier ist ein Fisch, der Karpfen heißt.«

Aber Sarah fand, dass der Karpfen genauso aussah wie der Junge von nebenan. Darum nannte sie ihn Thomas.

»Von mir aus«, meinte Papa. »Wir werden ihn Heiligabend essen.« Mama antwortete: »Für Heiligabend habe ich Kartoffelsalat vorgesehen und bereits Würstchen besorgt. Am ersten Feiertag brate ich eine Pute und am zweiten Feiertag soll es eigentlich Rouladen geben.« Gegen Mamas Küchenpläne durfte Papa nie etwas einwenden. Der Karpfen blieb einstweilen ungeschoren in der Badewanne und Sarah fütterte ihn mit Haferflocken, Brotkrumen und zerpflückten Salatblättern.

Der Karpfen schien sich wohl zu fühlen. Er schwamm in der Wanne auf und ab und hin und her.

Papa fühlte sich dagegen weniger wohl.

Um richtig wach zu werden, pflegte er jeden Morgen kalt zu duschen. Das konnte er nun nicht, weil ihm der Karpfen im Weg war. Am ersten und am zweiten Morgen schimpfte er beim Frühstück darüber. Am dritten Morgen hatte er es satt. Er stellte sich neben den Karpfen in die Wanne und drehte die Dusche auf.

Sofort kam Mama aus der Küche und rief: »Lass das sein! Thomas ist sensibel!«

»Woher weißt du das? Ich bin auch sensibel«, knurrte Papa, aber das nahm ihm Mama nicht ab.

Am nächsten Morgen packte Papa einfach den Karpfen und steckte ihn in den Eimer. Er wollte gerade in die Wanne klettern, da erwischte ihn Sarah.

Sie rief: »Mama, komm!«, und Papa musste wieder auf seine Dusche

verzichten. Missmutig saß er am Frühstückstisch und versteckte sich hinter der Zeitung. Inzwischen erzählte Sarah, was sie von Thomas geträumt hatte. Mama wollte es ganz genau wissen.

Also: Sarah war mit Thomas in einem wunderschönen Teich herumgeschwommen. Da hatte ihr Thomas die Stelle gezeigt, wo ihn ein Kaninchen aus einem Frosch in einen Karpfen verzaubert hatte.

Papa kam hinter der Zeitung hervor und stellte fest: »Quatsch! Kaninchen können nicht zaubern. Und ein Karpfen ist noch nie ein Frosch gewesen. Es wird Zeit, dass er in den Topf wandert.«

»Du hast weder Phantasie noch Gefühl«, sagte Mama und strich Sarah über den Kopf.

Von nun an musste ihr Sarah jeden Morgen ein bisschen mehr von Thomas erzählen, denn Sarah träumte jede Nacht von ihm. Das sagte sie jedenfalls, obwohl Papa ihr nicht glaubte und hinter seiner Zeitung laut stöhnte. Mama hörte immer aufmerksam zu.

Thomas war vor vielen Jahren in Indien geboren worden, als reicher Prinz. Leider hatten ihn Seeräuber entführt.

Und diesen Seeräubern wurde er später von Indianern geraubt.

Die Indianer verkauften ihn an einen bösen Zauberer.

Und der machte erst ein Kamel, dann einen Regenwurm und schließlich eine Maus aus ihm.

Der Zauberer hatte eine Katze, die ihm das Zaubern abgeguckt hatte.

Sie zauberte aus der Maus, die eigentlich ein indischer Prinz war, einen Karpfen und warf ihn Papas Freund in den Fischteich.

An dieser Stelle tauchte Papa hinter seiner Zeitung auf und sagte: »Ich denke, irgendein Kaninchen hat diesen dummen Karpfen mal aus einer Kröte gehext.«

»Nein, aus einem Frosch«, sagte Mama. »Kümmere dich lieber um Politik.«

Und dann war das Weihnachtsfest mit Mamas Küchenkünsten vorbei. Der Karpfen schwamm immer noch in der Wanne. Und Papa hatte seit zehn Tagen nicht mehr geduscht.

Zum Mittagessen hätte er jetzt gern mal ein gutes Fischgericht gehabt, doch darüber war mit Mama und Sarah nicht zu reden. Beide sprachen unentwegt über den Karpfen Thomas, dessen Schicksal immer bunter wurde.

Eines Tages hatte Papa genug.

Er warf die Zeitung auf den Frühstückstisch, dass die Tassen klirrten, und rief: »Schluss jetzt mit dem Karpfenzauber!«

Dann sprang er auf und kramte in der Schublade nach einem langen spitzen Messer. Damit wollte er ins Bad, doch Mama war schneller. Mit ausgebreiteten Armen stand sie vor der Tür, sah Papa starr an und sagte: »Das wirst du nicht wagen!«

»Tu's nicht, tu's nicht!«, schrie Sarah und zerrte Papa von hinten fast den Pullover vom Hals.

»Ich bin in einem Tollhaus«, sagte Papa, aber er legte das Messer zurück. Dafür zog er seine Joppe über, und ehe er die Haustür hinter sich zuknall-

te, rief er: »Na gut, wie ihr wollt! Dann suche ich eben einen Abnehmer für ihn!« Aber Papa fand keinen Abnehmer.

Die Nachbarn nebenan wehrten erschrocken ab. Ein Großonkel von ihnen war vor Jahren fast an einer Gräte erstickt. Seither aßen sie allenfalls Fischstäbchen, bei denen man seines Lebens sicher war.

Die Nachbarn auf der anderen Seite waren verreist. Auch ihr Sohn Thomas, der dem Karpfen so ähnlich sah, war nicht da. Papa konnte sich sein Angebot sparen.

Nur die alte Dame, die gegenüber wohnte, zeigte Interesse. Sie kam gleich mit, um sich den Karpfen anzusehen, und meinte anerkennend: »Ein prachtvolles Tier!«

Sarah saß auf dem Klodeckel, streute Haferflocken in die Wanne und sagte: »Er heißt Thomas.«

»Sieh mal an«, sagte die alte Dame. Dann wandte sie sich an Papa und erklärte: »Ein Karpfen sollte stets zu Neujahr gegessen werden. Dann bringt er nämlich Glück. Man muss eine Schuppe von ihm aufbewahren, wenn man reich werden will.«

Papa drängte: »Gut! Nehmen Sie ihn gleich mit!«

Die alte Dame winkte ab: »Er ist ja viel zu groß für mich allein. Sie sind zu dritt. Essen Sie ihn auf!«

Und dann ging sie.

Sarah raunte dem Karpfen zu: »Hast du gehört? Du bringst uns Glück! Du machst uns reich!«

»Ja, wenn wir dich kochen«, sagte Papa und sah zu, wie Sarah dem Karpfen mit spitzen Fingern ein wenig Salat hinhielt. Der Karpfen aß ihr aus der Hand.

»Thomas küsst mich«, sagte Sarah.

»Eines Tages willst du ihn vielleicht noch heiraten«, sagte Papa und raufte sich das Haar.

Sarah nickte ganz ernsthaft und erwiderte: »Ja, aber erst, wenn ich groß bin. Und so lange bleibt Thomas in unserer Badewanne.«

Da fasste Papa einen Entschluss.

Am anderen Morgen ließ er die Zeitung liegen, sah Mama und Sarah an und sagte: »Heute Nacht habe ich auch von Thomas geträumt. Ich habe geträumt, wie der arme Kerl wieder erlöst werden kann.«

Mama sagte misstrauisch: »Führst du etwas im Schilde?«

Aber Sarah fragte: »Wie?«

Da sagte Papa: »Die alte Dame hat es mir im Traum verraten. Sarah hat gehört, dass sie den Zauber vom Glück und vom Reichtum wusste. Darum kennt sie auch den Karpfenzauber. Sie hat zu mir gesagt, wir sollen Thomas zurück in seinen Fischteich bringen. Es muss noch heute sein, ehe das alte Jahr zu Ende geht. Denn nur in der Neujahrsnacht kann er erlöst werden. Dann fliegt er zurück nach Indien und wird dort wieder ein Prinz. Was sagt ihr dazu?«

Selbst Mama konnte dazu nichts sagen.

Gleich nach dem Frühstück steuerte Papa das Auto vorsichtig hinaus zum Fischteich. Mama und Sarah saßen auf dem Rücksitz. Zwischen sich hielten sie den Eimer fest, in dem der Karpfen steckte. Sie redeten ihm in jeder Kurve gut zu.

Papas Freund war nicht da und darüber war Papa sehr erleichtert. Er schlug mit einem Knüppel ein Loch in die dünne Eisdecke. Dann kippte er den Eimer aus und gleich darauf war der Karpfen verschwunden.

Mama und Sarah winkten und sahen ganz traurig drein. Um Mitternacht guckten Papa, Mama und Sarah aus dem Fenster.

Draußen stiegen leuchtend bunt die Raketen zum Himmel.

Sarah sagte: »Wenn Thomas jetzt nach Indien fliegt, hat er es ganz hell.«

Am anderen Morgen konnte Papa endlich wieder duschen. Auf dem Boden der Wanne fand er eine glänzende Fischschuppe. Er steckte sie in seine Brieftasche.

Man kann ja nie wissen.

Margret Rettich

Ein Märchen

Als der große Krieg zu Ende war, wohnten die Menschen in den zerstörten Städten unter Trümmern in Kellern und in Erdlöchern. Sie sorgten sich nur noch darum, dass sie jeden Tag etwas zu essen hatten und dass die Feuer nicht ausgingen, an denen sie sich wärmten.

Manchmal dachten sie an die Zeiten, als sie satt wurden und in schönen behaglichen Wohnungen lebten.

Als das Weihnachtsfest nahte, erinnerten sie sich besonders oft. Denn damals war es ihnen gut gegangen. Sie hatten gegessen, getrunken und gefeiert und einander viele Geschenke gemacht.

Alle sehnten sich danach, dass es nur ein klein wenig wieder so wurde wie damals.

Da setzte sich eine Frau in den Kopf, einen richtigen Weihnachtskuchen zu backen. Denn, dachte sie, schaffe ich das, werde ich es als Zeichen nehmen, dass es uns allen irgendwann wieder besser gehen wird.

Sie machte sich auf und kletterte über die Trümmerberge.

Wenn sie irgendwo Rauch aufsteigen sah, suchte sie den Eingang zu der Behausung, steckte den Kopf hinein und fragte: »Wer kann mir ein paar Eier, etwas Fett, Mehl und Zucker geben? Ich möchte einen Weihnachtskuchen backen und will gern ein Stück davon abgeben.«

Die meisten Leute lachten die Frau einfach aus.

Doch einmal antworteten welche: »Na ja, Eier könnten wir beschaffen. Wir haben noch ein Huhn, doch nichts mehr, was es picken kann. Es ist so schwach, dass wir es Weihnachten schlachten wollen. Wenn es vorher ein paar Körner hätte, würde es wohl auch noch mal Eier legen. Also würden wir die Eier gegen die Körner hergeben.«

Die Frau lief weiter und fragte nun: »Wer kann mir ein paar Körner geben für ein Huhn, das mir dafür Eier legt, die ich zusammen mit Fett und Mehl und Zucker zu einem Weihnachtskuchen verrühren will. Ich will gern ein Stück davon abgeben.«

Wieder lachten die meisten Leute sie aus.

Nur zwei alte Frauen sagten: »Ein paar Körner könnten wir dir geben. Wir haben den ganzen Sommer auf den Feldern gesucht, was aus den Ähren gefallen ist. Noch heute tut uns der Buckel weh. Aber weil wir seit Monaten nichts anderes als zermahlene Körner essen, möchten wir dafür ein Stück Fleisch, das wir uns braten können.«

Jetzt lachten die Leute noch viel mehr, wenn die Frau sie fragte: »Wer kann mir einen Braten geben, für den ich Körner bekomme, die ein Huhn pickt, das mir dafür Eier legt, die ich mit Fett und Mehl und Zucker zu einem Weihnachtskuchen verbacken will.«

Die Frau wusste selber, dass sie nach ganz unerreichbaren Dingen fragte, aber sie wollte einfach nicht aufgeben. Sie stieg immer weiter über Berge von Schutt und kam schließlich an die Stelle, wo früher einmal ein Park gewesen war. Von den Bäumen waren nur verbrannte Stümpfe übrig. Überall scharrten Leute die Wurzeln heraus, um etwas zum Feuern zu haben.

Die Frau fragte auch hier und wurde auch hier ausgelacht.

Nur ein Junge sagte: »Ich weiß einen Mann, der Vögel fängt, die man braten kann. Wenn ich ein Stück von deinem Kuchen abbekomme, zeige ich dir, wo er sitzt. Denn ich habe noch nie Kuchen gegessen.«

Er führte die Frau an den Rand von einem großen Trichter, den eine Bombe gerissen hatte. Darin stand eine Hütte aus einem verrosteten Auto und einigen Mauerbrocken. Vor der Hütte saß ein Mann. Er briet an einem Stecken einen winzigen Vogelkörper über einem Feuerchen.

Die Frau sagte zu ihm: »Ich brauche einen Vogel für zwei alte Frauen, die mir dafür Körner geben.«

Der Mann sah nicht auf und brummte: »Das ist der letzte Vogel, den ich brate. Danach weiß ich nicht, was ich essen soll. Denn andere Vögel kann ich nicht mehr fangen, meine Schleuder ist kaputt. Das Gummi ist gerissen, als ich es gespannt habe, es war ausgeleiert. Ja, wenn ich ein neues Gummi für meine Schleuder bekäme, könnten wir über einen Vogel einig werden.«

Jetzt wusste die Frau nicht weiter. Woher sollte sie, die fast nichts besaß, Gummi für eine Schleuder nehmen? In ihrem Keller hatte sie einen Topf zum Kochen, einen Löffel zum Essen, eine Decke und ein Feldbett zum Schlafen. Doch da fiel ihr ein, dass dieses Feldbett Riemen hatte, und diese Riemen waren aus Gummi.

Sie rannte, so schnell sie konnte, heim und schnitt aus dem Feldbett einen Riemen heraus. Es war ohnehin schief und hart, mochte es noch schiefer und noch härter werden.

Der Mann war sehr zufrieden. Er probierte die neue Schleuder gleich aus. Schon nach kurzer Zeit hatte er eine magere Krähe erwischt, die er rupfte und der Frau gab.

»Sie ist im Geschmack von einer Taube nicht zu unterscheiden«, sagte er. Die Frau rannte mit dem Vogel zu den beiden Alten und sagte: »Hier bringe ich ein Täubchen, das ihr euch braten könnt.«

Die Alten freuten sich so sehr darüber, dass sie der Frau eine ganze Papiertüte voll Körner schenkten. Die Tüte hatten sie noch aus besseren Zeiten und sie hatte ein Loch. Die Frau musste sie mit beiden Händen halten, denn sie wollte kein einziges Korn verlieren. Erst in ihrem Keller merkte sie, wie viele Körner es waren.

Viel zu viel für das Huhn, dachte sie und mahlte die meisten zwischen zwei Steinen zu einem mehligen Brei. Als sie mühsam die Spelzen und Schalen herausgesammelt hatte, sang sie aufgeregt vor sich hin: »Ich habe Mehl, ich schaffe es, ich habe Mehl, ich schaffe es.«

Mit dem Rest der Körner lief sie zu den Leuten, die das Huhn besaßen. »Nur so wenig?«, sagten die. »Damit wird es kaum zu Kräften kommen. Es ist so schwach, dass wir das Schlimmste befürchten. Erst in ein paar

Tagen wird sich herausstellen, ob es noch einmal Eier legen kann.«

Die Frau ließ sich nicht entmutigen, noch hatte sie viel vor sich. Zum Weihnachtskuchen fehlten ihr Fett und Zucker. Wieder kletterte sie über die Trümmerberge, wieder fragte sie alle Leute und wieder lachten alle sie aus.

Diesmal geriet sie bis an den Rand der Stadt, wo die Steinhaufen flacher wurden. Dahinter war früher einmal ein Wald gewesen. Jetzt standen nur noch vereinzelte Bäume zwischen den Bombenlöchern.

Manchmal traf die Frau auf eine Wache, die aufpasste, dass sich niemand an den Bäumen vergriff, sie fällte und als Brennholz wegschleppte. Die Frau wagte nicht, diese Wachen anzusprechen und zu fragen.

Doch einen kleinen, krummen Mann sprach sie an, der unter den Bäumen herumkroch und irgendetwas aufklaubte. Sie sagte: »Ich will einen Weihnachtskuchen backen. Mehl habe ich und Eier vielleicht auch. Nun fehlen noch Zucker und Fett. Ich will gern ein Stück Kuchen abgeben, wenn ich dazu komme.«

Der kleine krumme Mann sagte: »Wer mir hilft, Bucheckern zu sammeln, bekommt von dem Öl ab, das ich daraus presse.«

Die Frau zog ihre Jacke aus, knöpfte sie zu, verknotete die Ärmel und hatte eine Art Sack, in den sie hineinsammeln konnte. Vorher hatten schon viele andere Leute nach Bucheckern gesucht. Es war mühsam, noch welche zu finden. Der kleine krumme Mann zeigte ihr, wie sie die Erde und das Laub zurückscharren musste. Es dauerte eine ganze Woche, bis ihre Jacke gefüllt war. In seiner Behausung hatte der kleine krumme Mann aus einem Panzerrohr und anderen Teilen, die er in den Trümmern gefunden hatte, eine Presse gebaut. Die Bucheckern in der Jacke ergaben

nicht mehr Öl, als in eine halbe henkellose Tasse ging. Aber die Frau war glücklich. Sie trug das Öl behutsam in ihren Keller.

Dann kletterte sie wieder über die Steine, um nach dem Huhn zu fragen, das ihr die Eier legen sollte.

»Fast wäre es an der Anstrengung eingegangen«, sagten die Leute, »doch es hat sich wieder erholt, dass wir es noch eine Weile leben lassen.« Und sie gaben der Frau ein einziges winziges Ei mit einer ganz weichen grauen Schale. Die Zeit drängte nun, denn in fünf Tagen war Weihnachten, und noch immer fehlte der Zucker.

Wenn die Frau danach fragte, lachten die Leute sie nicht aus, sondern wurden böse.

»Zucker«, riefen sie, »wir erinnern uns nicht einmal mehr, wie Zucker schmeckt! Woher soll unsereins Zucker nehmen? Zucker hat nur einer hier!«

»Wer?«, fragte die Frau.

Die Leute sagten: »Der Mann, der ALLES hat. Sieh dich um, wo er wohnt.« Die Frau irrte umher. Sie war hungrig. Sie wurde schwach und müde. Sie hatte wunde Füße. Wenn sie abends auf ihrem Feldbett lag, auf dem sie kaum einschlafen konnte, seit der Riemen fehlte, musste sie hart bleiben. Sie musste alle Kraft zusammennehmen, um nicht das Wenige aufzuessen, das sie für ihren Weihnachtskuchen zusammengetragen hatte. Einen Tag vor Weihnachten fand sie irgendwo in der Stadt ein Gebäude, das fast heil geblieben war. Das Dach hatte Ziegel und einige Fenster hatten Glas, die anderen waren sauber mit Brettern vernagelt. Aus dem Kamin kam dicker Rauch. Die Frau wusste sofort, dass hier der Mann wohnen musste, der ALLES hatte.

Sie klopfte an die Tür.

Der Mann, der aufmachte, hatte einen richtigen Anzug an. Er rauchte eine richtige Zigarre. Neben ihm stand ein richtiger Hund. Wer konnte noch einen Hund mit durchfüttern? Hinter dem Mann strömte so viel Hitze aus dem Haus, dass die Frau draußen sich daran wärmen konnte.

»Was ist?«, fragte der Mann, und der Hund knurrte.

»Ich brauche Zucker«, sagte die Frau. Der Mann, der ALLES hatte, lachte die Frau weder aus noch wurde er böse. Er fragte nur: »Was bekomme ich dafür?«

»Ein Stück von meinem Kuchen, den ich davon backen will«, sagte die Frau, »sonst habe ich nichts.«

»Doch, den Ring«, sagte der Mann.

Die Frau erschrak.

Der Ring war von ihrem Mann, der in den Krieg gemusst hatte und vielleicht nie wiederkommen würde. Dann dachte sie an die vielen Leute, denen sie ein Stück Kuchen versprochen hatte und zog den Ring ab. Sie bekam dafür eine Hand voll Zucker.

Nun hatte die Frau alles beisammen, was sie brauchte.

Sie knetete aus dem Körnermehl, dem Zucker, dem Ei und dem Bucheckernöl einen Teig. Mit ihrem letzten Holz machte sie Feuer und backte einen kleinen harten Kuchen. Den teilte sie in viele Teile.

Am Heiligen Abend machte sie sich auf.

Sie brachte den Leuten mit dem Huhn ein Stück. Da schenkten die ihr noch ein Ei.

Sie brachte den beiden Alten ein Stück. Da schenkten die ihr noch mal Körner. Sie brachte dem Jungen ein Stück, der im Park Wurzelholz gesucht hatte. Da schenkte der ihr Holz.

Sie brachte dem Vogelfänger ein Stück, da schenkte der ihr einen lahmen Spatzen, der von der Schleuder getroffen war.

Sie brachte dem kleinen krummen Mann ein Stück. Da schenkte der ihr eine Scherbe voller Öl, in der ein Docht schwamm. Das war eine Lampe.

Nun hatte die Frau noch zwei Stücke von ihrem Kuchen übrig. Eigentlich sollte ich beide selber essen, dachte sie, doch es ist Weihnachten. Sie klopfte bei dem Mann, der ALLES hatte, und schenkte ihm das vorletzte Stück Kuchen, wie sie es versprochen hatte.

»Mach happ«, sagte der Mann zu seinem Hund und der Hund machte happ. Dann ging die Frau nach Hause.

Sie fachte die Öllampe an, machte mit dem Holz ein warmes Feuer, kochte aus den Körnern und dem Ei einen Festtagsschmaus, gab dem zahmen, lahmen Spatzen ein paar Krümel und wollte in den Kuchenrest beißen.

Aber sie legte den Kuchen vor sich hin und sah ihn an. Eigentlich war sie satt.

Ich bin satt!, dachte sie, mir ist warm, es ist hell. Welch ein Weihnachtsfest! Wie viel Geschenke habe ich bekommen und wie viel Freude habe ich gehabt! Ich habe es geschafft, in dieser schweren Zeit einen Kuchen zu backen. Und darauf bin ich stolz.

Margret Rettich

Vom Himmel hoch, da komm ich her

Vom Him-mel hoch, da komm ich her, ich bring euch gu-te neu-e Mär, der gu-ten Mär bring ich so viel, da-von ich sing'n und sa-gen will.

2. Euch ist ein Kindlein geborn / von einer Jungfrau auserkorn, / ein Kindelein so zart so fein, / das soll eu'r Freud und Wonne sein.

3. Es ist der Herr Christ, unser Gott, / der will euch führn aus aller Not, / er will eu'r Heiland selber sein, / von allen Sünden machen rein.

4. Er bringt euch alle Seligkeit, / die Gott der Vater hat bereit', / dass ihr mit uns im Himmelreich / sollt leben nun und ewiglich.

5. So merket nun das Zeichen recht: / die Krippe, Windelein so schlecht, / da findet ihr das Kind gelegt, / das alle Welt erhält und trägt.

Martin Luther

Kapitel III

Ein Kind ist uns geboren

Weihnachten im Stall

*E*in Kind saß auf dem Schoß seiner Mutter und wollte etwas von Weihnachten hören. Da erzählte die Mutter vom Weihnachten im Stall. Das war ein Weihnachten vor langer Zeit und in einem fernen Land, doch das Kind sah alles vor sich, als wäre es daheim geschehen, im Stall auf dem Hof.

Die Mutter erzählte so:

An einem Abend vor langer Zeit, da kamen ein Mann und eine Frau in der Dunkelheit ihres Weges daher. Sie waren weit gewandert und darum waren sie müde und wollten schlafen, wussten aber nicht, wo. Überall auf den Höfen waren die Lichter erloschen. Die Menschen schliefen dort schon und keiner kümmerte sich um die Wanderer, die noch unterwegs waren.

Dunkel und kalt war es an diesem Abend vor langer Zeit. Kein Stern leuchtete am Himmel. Da fanden die Wanderer am Weg einen Stall. Der Mann öffnete die Tür und leuchtete mit seiner Laterne hinein. Ob dort drinnen wohl Tiere waren? Denn wo Tiere schlafen, da ist es warm, und die beiden Wanderer froren und waren müde.

Ja, im Stall waren Tiere und sie schliefen schon. Doch als sie die Tür knarren hörten, erwachten sie und sahen die Wanderer eintreten. Und sie sahen die Frau dort stehen im Lichtschein der Laterne.

Aber warum die Frau zu so später Stunde in ihren Stall gekommen war, das wussten die Tiere nicht.

Vielleicht spürten sie aber, dass die Frau fror und dass sie müde und hungrig war.

Vielleicht spürte es das Pferd, als die Frau ihre kalten Finger unter seine Mähne schob, um sie zu wärmen.

Vielleicht spürte es die Kuh, als die Frau sie melkte und ihre gute, warme Milch trank.

Vielleicht spürten es auch die Schafe. Denn als die Frau sich zum Schlafen auf das Stroh niederlegte, scharten sie sich um sie und wärmten sie. Dann senkte sich die Nacht still über den Stall und über alle, die darin waren.

Als die Nacht aber am dunkelsten war, da erklang in der Stille der erste Schrei eines neugeborenen Kindes. Und zur selben Stunde flammten am Himmel alle Sterne auf. Ein Stern aber war größer und heller als die übrigen. Genau über dem Stall stand er und leuchtete mit klarem Schein.

Nun waren in dieser Nacht Hirten auf den Feldern. Sie wollten ein paar Schafe heimholen, die noch draußen waren, obwohl der Winter schon Einzug gehalten hatte. Und die Hirten sahen den Stern über dem Stall, sie sahen den ganzen Himmel in Licht erstrahlen.

»Warum leuchtet ein Stern über unserem Stall?«, fragten die Hirten einander. »Kommt«, sagten sie, »lasst uns gehen und sehen, was sich zugetragen hat.« Und sie eilten auf beschneiten Pfaden heim mit ihren Schafen und Lämmern.

Und im Stall fanden sie ein neugeborenes Kind, das lag in den Armen seiner Mutter.

»Der Stern leuchtet um des Kindes willen«, sagten die Hirten.

»Nie zuvor wurde ein Kind geboren in unserem Stall.«

Das Kind sollte schlafen, doch im Stall gab es weder Wiege noch Bett. Nur eine Krippe gab es dort. Da hinein bettete die Mutter ihr Kind.

Und das Pferd stand still daneben und sah zu. Vielleicht begriff es, dass das Kind die Krippe zum Schlafen brauchte. So ging die Nacht dahin.

Das Kind schlief in der Krippe, ringsum standen stumm die Tiere und die Hirten. Alles war ganz still.

Und über dem alten Stall leuchtete der Weihnachtsstern.

Denn als dies geschah, war es Weihnachten. Ein Weihnachten vor langer Zeit. Das erste Weihnachten.

Astrid Lindgren

O Jesulein zart

1. O Je-su-lein zart, dein Kripp-lein ist hart, o Je-su-lein zart, wie liegst du so hart. Ach schlaf und tu die Äug-lein zu, schlaf und gib uns die e-wi-ge Ruh. O Je-su-lein zart, wie liegst du so hart.

2. Seid stille, ihr Wind,
lasst schlafen das Kind!
All Brausen sei fern,
's will ruhen so gern.
Ach schlaf und tu die Äuglein zu,
schlaf und gib uns die ewige Ruh.
Seid stille, ihr Wind,
lasst schlafen das Kind!

3. Nichts mehr sich bewegt,
kein Mäuslein sich regt.
Zu schlafen beginnt
das herzige Kind.
Ach schlaf und tu die Äuglein zu,
schlaf und gib uns die ewige Ruh.
Nichts mehr man dann singt,
kein Stimmlein mehr klingt.

(17. Jahrhundert)

87

Von dem Kind, das im Stall geboren ist

Nach dem Neuen Testament, Lukas 2

Ich will dir von einer Frau und von einem Mann erzählen.
Die Frau heißt Maria und der Mann Josef.
Maria und Josef machen zu Fuß eine weite Reise.
Sie gehen von Nazareth nach Betlehem.
Maria wird bald ein Kind bekommen. Man sieht es ihr an.

Als sie in Betlehem ankommen, ist Maria sehr müde.
Aber keiner kann ihnen ein Zimmer geben.
Weil viele Leute in die Stadt gekommen sind, ist keines frei.
Maria und Josef finden einen Stall. Dort bleiben sie.
In der Nacht bekommt Maria das Kind. Es ist ein Junge.
Er heißt Jesus.
Maria packt ihr Baby warm ein und legt es in eine Futterkrippe.
Daraus fressen sonst die Tiere.

Draußen in der Nähe sind Männer.
Sie passen auf viele Schafe
und Ziegen auf. Sie sind Hirten.
Zu denen kommt ein Bote. Der sagt:
Heute ist Jesus geboren, in einem Stall.
Er wird euch helfen.
Er wird den Menschen von Gott erzählen.
Er ist der Heiland.

Die Hirten wundern sich über diese Botschaft.
Sie sagen:
Wir wollen das Kind sehen, das im Stall geboren ist.
Wir gehen es besuchen.
Sie finden das Kind im Stall. Es liegt in einer Krippe.
Die Hirten sagen: Dieses Kind ist für uns geboren.
Wir wollen Gott dafür danken.
Dann gehen sie heim und sind glücklich.
Sie haben Jesus gesehen.

Anton Steiner

Ein Kind ist geboren …

Vor vielen Jahren wanderten drei wundersame Gestalten durch den tiefen Schnee. Es war eine sternenklare Nacht und das Land lag erstarrt unter einer dicken Schneedecke.

Die drei Fremden klopften bei einer kleinen Hütte an. Der Hirtensohn Jorim öffnete ihnen. Freudig bat er sie herein ans wärmende Feuer.

Sie stärkten sich an dem einfachen Mahl und begannen zu erzählen: »Wir sind drei Sterngucker und kommen von weit her. Sonderbares hat uns ein Stern kundgetan: ein Kind ist geboren, das die Welt durch Liebe verändern wird; Not, Angst, Ungerechtigkeit und Einsamkeit von den Menschen nehmen wird. Der Stern zeigt es deutlich und führt uns. Der Weg ist lang und mühsam, aber wir wollen den neuen König begrüßen.«

Früh am nächsten Morgen verabschiedeten sich die drei, der Stern führte sie weiter. Jorim blieb zurück, tief beeindruckt von allem, was er gehört hatte. Ein Kind, das die Welt verändern wird? Die Welt wird durch Liebe regiert werden? Viele Fragen schwirrten durch seinen Kopf, und in seinem Herzen wuchs der Wunsch, sich auf den Weg zu machen: »Auch ich muss dieses Kind begrüßen. Der Stern zeigt auch mir den Weg.«

Sogleich eilte er ins Dorf und erzählte von seiner Begegnung und der frohen Kunde. Die Freude, die aus ihm strahlte, ergriff auch die andern. Sie vergaßen die alltägliche Plage und Not, sie begannen zu singen und zu tanzen.

»Da, nimm diese Flöte«, sprachen sie zum Abschied. »Das Spiel soll dich und jeden, dem du begegnest, und das Herz des Kindes erfreuen. Erzähl ihm von uns und trage unsere Hoffnungen zu ihm.«

Sein Weg führte ihn an einem abgelegenen Haus vorbei. Ein alter Mann stand dort und spaltete Holz. Jorim half ihm und schon bald hatten sie einen Vorrat, der bis weit in den Frühling reichen würde.

Auch diesem Mann erzählte er, wohin ihn der Weg führe und welche Hoffnungen er mit sich trage. »Der Winter ist kalt und der Weg sehr weit«, sagte der Alte. »Nimm diese wollene Decke mit, wärme dich und das Kind und erzähle ihm auch von mir.«

Jorim zog weiter, immer dem Stern nach. Da traf er ein kleines Mädchen. Es hatte sich verirrt und weinte. Jorim tröstete es mit seinem Flötenspiel und half ihm, das Elternhaus zu finden.

Glücklich schloss die Mutter ihr Kind in die Arme. Wieder erzählte Jorim von den drei Sterndeutern und dem neugeborenen Kind, das allen Menschen helfen wird. Da gab sie ihm einen Laib frisch gebackenes Früchtebrot. »Nimm von dem Brot und bringe davon auch dem Kind. Sag ihm, dass wir es erwarten«, und sie verabschiedeten sich herzlich.

Immer heller leuchtete der Stern und doch kamen Jorim auf seinem langen Weg manchmal Zweifel. Nicht alle glaubten ihm, oft wurde er sogar ausgelacht. Wenn sich nun die Sterndeuter geirrt hätten? Was sollte er dann auf dem Weg zurück sagen, wie den enttäuschten Leuten begegnen?

Endlich sah er eine armselige Hütte. Der Stern stand über ihr, und sie erstrahlte in einem wunderbaren Licht. Große Freude erfüllte sein Herz.

Zuerst erkannte er die drei Sterndeuter. Neben ihnen waren Hirten, ein Mann und eine Frau, die ein Kind in ihren Armen hielt. Er legte die wollene Decke um die Frau und das Kind, um sie vor der Kälte zu schützen. Dann nahm er das Früchtebrot und verteilte es.

Auf der Flöte spielte er eine Melodie, die vom Elend der Menschen, von ihrer Not, ihrer Einsamkeit erzählte, die aber auch voll war von ihren Hoffnungen.

Alle verstanden ihn.

Der Weg zurück erschien ihm leicht, und er spielte so schön wie nie zuvor.

Nach einer alten Weihnachtslegende erzählt von Jindra Capek

Geboren ist das Kind

Geboren ist das Kind zur Nacht
für dich und mich und alle,
drum haben wir uns aufgemacht
nach Betlehem zum Stalle.

Sei ohne Furcht, der Stern geht mit,
der Königsstern der Güte,
dem darfst du trauen, Schritt für Schritt,
dass er dich wohl behüte.

Und frage nicht und rate nicht,
was du dem Kind sollst schenken.
Mach nur dein Herz ein wenig licht,
ein wenig gut dein Denken,

mach deinen Stolz ein wenig klein,
und fröhlich mach dein Hoffen –
so trittst du mit den Hirten ein,
und sieh: die Tür steht offen.

Ursula Wölfel

Die Heilige Nacht

*E*s war einmal ein Mann, der in die dunkle Nacht hinausging, um sich Feuer zu leihen. Er ging von Haus zu Haus und klopfte an. »Ihr lieben Leute, helft mir!«, sagte er. »Mein Weib hat eben ein Kindlein geboren und ich muss Feuer anzünden, um sie und den Kleinen zu erwärmen.« Aber es war tiefe Nacht, so dass alle Menschen schliefen, und niemand antwortete ihm.

Der Mann ging und ging. Endlich erblickte er in weiter Ferne einen Feuerschein. Da wanderte er dieser Richtung zu und sah, dass das Feuer im Freien brannte. Eine Menge weiße Schafe lagen rings um das Feuer und schliefen, und ein alter Hirt wachte über der Herde.

Als der Mann, der Feuer leihen wollte, zu den Schafen kam, sah er, dass drei große Hunde zu Füßen des Hirten ruhten und schliefen. Sie erwachten alle drei bei seinem Kommen und sperrten ihre weiten Rachen auf, als ob sie bellen wollten, aber man vernahm keinen Laut. Der Mann sah, dass sich die Haare auf ihrem Rücken sträubten, er sah, wie ihre scharfen Zähne funkelnd weiß im Feuerschein leuchteten und wie sie auf ihn losstürzten. Er fühlte, dass einer von ihnen nach seinen Beinen schnappte, und einer nach seiner Hand, und dass einer sich an seine Kehle hängte. Aber die Kinnladen und die Zähne, mit denen die Hunde beißen

wollten, gehorchten ihnen nicht und der Mann litt nicht den kleinsten Schaden.

Nun wollte der Mann weitergehen, um das zu finden, was er brauchte. Aber die Schafe lagen so dicht nebeneinander, Rücken an Rücken, dass er nicht vorwärts kommen konnte. Da stieg der Mann auf die Rücken der Tiere und wanderte über sie hin dem Feuer zu. Und keins von den Tieren wachte auf oder regte sich.

Als der Mann fast beim Feuer angelangt war, sah der Hirt auf. Es war ein alter, mürrischer Mann, der unwirsch und hart gegen alle Menschen war. Und als er einen Fremden kommen sah, griff er nach einem langen, spitzigen Stabe, den er in der Hand zu halten pflegte, wenn er seine Herde hütete, und warf ihn nach ihm. Und der Stab fuhr zischend gerade auf den Mann los, aber ehe er ihn traf, wich er zur Seite und sauste an ihm vorbei, weit über das Feld.

Nun kam der Mann zu dem Hirten und sagte zu ihm: »Guter Freund, hilf mir und leih mir ein wenig Feuer. Mein Weib hat eben ein Kindlein geboren und ich muss Feuer machen, um sie und den Kleinen zu erwärmen.«

Der Hirt hätte am liebsten nein gesagt, aber als er daran dachte, dass die Hunde dem Manne nicht hatten schaden können, dass die Schafe nicht vor ihm davongelaufen waren und dass sein Stab ihn nicht fällen wollte, da wurde ihm ein wenig bange und er wagte es nicht, dem Fremden das abzuschlagen, was er begehrte.

»Nimm, soviel du brauchst«, sagte er zu dem Manne.

Aber das Feuer war beinahe ausgebrannt. Es waren keine Scheite und Zweige mehr übrig, sondern nur ein großer Gluthaufen, und der Fremde hatte weder Schaufel noch Eimer, worin er die roten Kohlen hätte tragen können.

Als der Hirt dies sah, sagte er abermals: »Nimm, soviel du brauchst!« Und er freute sich, dass der Mann kein Feuer wegtragen konnte. Aber der Mann beugte sich hinunter, holte die Kohlen mit bloßen Händen aus der Asche und legte sie in seinen Mantel. Und weder versengten die Kohlen seine Hände, als er sie berührte, noch versengten sie seinen Mantel, sondern der Mann trug sie fort, als wenn es Nüsse oder Äpfel gewesen wären.

Als dieser Hirt, der ein so böser, mürrischer Mann war, dies alles sah, begann er sich bei sich selbst zu wundern: »Was kann dies für eine Nacht sein, wo die Hunde den Mann nicht beißen, die Schafe nicht erschrecken, die Lanze nicht tötet und das Feuer nicht brennt?« Er rief den Fremden zurück und sagte zu ihm: »Was ist dies für eine Nacht? Und woher kommt es, dass alle Dinge dir Barmherzigkeit zeigen?«

Da sagte der Mann: »Ich kann es dir nicht sagen, wenn du selber es nicht siehst.« Und er wollte seiner Wege gehen, um bald ein Feuer anzünden und Weib und Kind wärmen zu können.

Aber da dachte der Hirt, er wolle den Mann nicht ganz aus dem Gesicht verlieren, bevor er erfahren hätte, was dies alles bedeute. Er stand auf und ging ihm nach, bis er dorthin kam, wo der Fremde daheim war.

Da sah der Hirt, dass der Mann nicht einmal eine Hütte hatte, um darin zu wohnen, sondern er hatte sein Weib und sein Kind in einer Berggrotte liegen, wo es nichts gab als nackte, kalte Steinwände.

Aber der Hirt dachte, dass das arme unschuldige Kindlein vielleicht dort in der Grotte erfrieren würde, und obgleich er ein harter Mann war, wurde er davon doch ergriffen und beschloss, dem Kinde zu helfen.

Und er löste sein Ränzel von der Schulter und nahm daraus ein weiches, weißes Schaffell hervor. Das gab er dem fremden Manne und sagte, er möge das Kind darauf betten.

Aber in demselben Augenblick, in dem er zeigte, dass auch er barmherzig sein konnte, wurden ihm die Augen geöffnet und er sah, was er vorher nicht hatte sehen, und hörte, was er vorher nicht hatte hören können.

Er sah, dass rund um ihn ein dichter Kreis von kleinen, silberbeflügelten Englein stand. Und jedes von ihnen hielt ein Saitenspiel in der Hand und alle sangen sie mit lauter Stimme, dass in dieser Nacht der Heiland geboren wäre, der die Welt von ihren Sünden erlösen solle.

Da begriff er, warum in dieser Nacht alle Dinge so froh waren, dass sie niemand etwas zuleide tun wollten.

Und nicht nur rings um den Hirten waren Engel, sondern er sah sie überall. Sie saßen in der Grotte und sie saßen auf dem Berge und sie flogen unter dem Himmel. Sie kamen in großen Scharen über den Weg gegangen, und wie sie vorbeikamen, blieben sie stehen und warfen einen Blick auf das Kind.

Es herrschte eitel Jubel und Freude und Singen und Spiel, und das alles sah er in der dunklen Nacht, in der er früher nichts zu gewahren vermocht hatte. Und er wurde so froh, dass seine Augen geöffnet waren, dass er auf die Knie fiel und Gott dankte.

Selma Lagerlöf

Die Geschichte vom Weihnachtsglöckchen

Vor vielen, vielen Jahren lebte in Betlehem, einer kleinen Stadt in Israel, ein Mädchen. Es hieß Rahel. Seine Mutter war gestorben, als Rahel noch recht klein gewesen war. Da blieb ihm nur sein Vater, und der war ein Schafhirte. Er hütete zusammen mit drei anderen Hirten die Schafe auf den Weiden nah bei Betlehem.

Oft war die kleine Rahel traurig, dass er so selten heimkam. Er musste sogar nachts bei den Schafen bleiben. Aber sie wusste ja, dass man nachts wegen der wilden Tiere ganz besonders auf die Schafe Acht geben musste. Einmal fand die kleine Rahel im Straßenstaub vor dem großen Wirtshaus ein wunderschönes Glöckchen aus reinem Silber. Es war so schön und kostbar, dass sich Rahel gar nicht vorstellen konnte, dass es vielleicht ein Gast aus dem Wirtshaus verloren haben könnte. Wem sie das Glöckchen auch zeigte, es konnte sich keiner erklären, woher es gekommen war.

Nur die alte blinde Ruth, die am Ende des Städtchens wohnte, ließ sich das Glöckchen geben, lauschte so lange, bis es ausgeklungen hatte, und wandte sich dann an Rahel.

»Es ist ein ganz besonderes Glöckchen«, sagte sie. »Du darfst es so lange behalten, bis bei uns einmal etwas ganz Besonderes geschieht. Es wird so wunderschön sein, dass du dafür gern das Glöckchen herschenken wirst!«

»Was wird das sein?«, fragte damals Rahel mit großen Augen. »Und wann wird das sein?«

Da zuckte die Alte mit der Schulter und sagte: »Das weiß ich auch nicht und es wird dir keiner sagen können. Das weiß Gott allein!«

So hob Rahel das Glöckchen wie ihren kostbarsten Schatz auf und versteckte es in ihrem Bett.

Nun geschah es eines Tages, dass ein Mann und seine Frau nach Betlehem kamen. Sie hatten eine weite Reise hinter sich und waren so müde, dass sie kaum weiterkonnten. Sie fragten überall nach einem Zimmer für die Nacht. Aber die Gasthäuser waren überfüllt, so dass sie immer nur weitergeschickt wurden. Hinzu kam, dass die junge Frau ein Kind erwartete, das in dieser Nacht geboren werden sollte. Sie waren am Ende so verzweifelt, dass sie froh waren, als ihnen ein mitleidiger Mensch seinen

100

alten Stall anbot. Wenigstens für die Nacht waren sie dort sicher.

In dieser Nacht aber schickte Gott seinen Sohn zu uns auf die Welt. In der Armut des Stalles, in dem es aus allen Ritzen zog, wurde das Kind geboren. Seine Mutter wickelte es in Windeln und legte es in die Futterkrippe im Stall. Als das Kind aber geboren war, geschah etwas ganz Seltsames draußen auf den Weiden vor Betlehem, wo Rahels Vater mit den anderen Hirten bei den Schafen wachte. Mitten in der Nacht wurde es plötzlich um sie herum so hell, dass die Hirten aufschreckten und vor Angst nicht aus noch ein wussten. So etwas hatten sie noch nie erlebt.

Und dann kamen plötzlich Engel vom Himmel herab und kamen auf sie zu, dass die Hirten noch mehr erschraken. Wann hatte jemals ein Schafhirte einen Engel in all seinem Glanze gesehen?

Die Hirten fielen auf die Knie und wagten sich nicht zu rühren.

»Habt keine Angst!«, sagte der Engel ganz freundlich zu ihnen. »Gott schickt mich zu euch. Ich will euch etwas Wunderschönes erzählen: Heute Nacht ist in dem ärmsten Stall in Betlehem Gottes Sohn geboren. Er heißt Jesus und liegt in einer Futterkrippe!«

Sprachlos und mit großen Augen sahen die Hirten den Engel an. Sie wunderten sich immer mehr, als die anderen Engel, die um den einen herumstanden, nun zu singen anfingen. Einen so schönen Gesang hatten die Hirten ihr ganzes Leben lang noch nicht gehört.

»Ehre sei Gott im Himmel!«, sangen die Engel. »Und Friede der Welt und den Menschen!«

Ihr wunderbarer Gesang schallte über die Weiden bis hoch zum Sternenhimmel. Und die Hirten spürten bis tief in ihr Herz hinein die Freude, die das Lied und die Worte in ihnen auslöste.

»Lauft zum Stall!«, rief der Engel.

Da packten die Hirten all ihre Habseligkeiten zusammen und suchten nach einem Geschenk, das sie dem Kind in der Krippe mitbringen konnten.

Schließlich entschlossen sie sich dazu, dem Kind ein Schaf mit einem jungen Lämmchen zu schenken.

Das Schaf hatte so viel Milch, dass sie für das Kind und das Lamm reichen würde.

So machten sie sich auf den Weg, trieben das Schaf vor sich her und gingen durch die Nacht nach Betlehem, um den allerärmsten Stall mit dem Gotteskind zu suchen, so wie es ihnen der Engel gesagt hatte.

Rahels Vater trug das Lämmchen auf seinen Armen. Und als sie endlich in Betlehem ankamen, ging er schnurstracks nach Hause, um seine kleine Tochter zu wecken. Er wollte ihr unbedingt erzählen, was in dieser Nacht geschehen war. Und mitnehmen wollte er die kleine Rahel. Denn das Kind in der Krippe, das Gott auf die Erde zu ihnen geschickt hatte, das sollte sie auch sehen und begrüßen.

Als er dann mit dem Lämmchen im Arm vor ihr stand und von den Engeln erzählte, da begannen Rahels Augen zu glitzern und zu leuchten.

»Jetzt weiß ich, was die alte Ruth gemeint hat, als ich mit dem Silberglöckchen bei ihr war!«, rief sie glücklich. Sie holte es sogleich herbei und ließ es ganz leise klingen.

»Bäh!«, machte das Schäfchen auf dem Arm des Vaters verwundert. Und noch einmal: »Bäh!«

»Wir binden ihm das Glöckchen um den Hals!«, sagte das Mädchen froh und war bereits dabei, nach einem Band zu suchen.

»Du sollst ihm auch das Lämmchen schenken!«, sagten die Hirten.

Da trug sie das Lamm auf ihren Armen und ging mit eiligen Schritten hinter den Hirten her. Das Lämmchen machte immer wieder »Bäh!«, und das silberne Glöckchen an dem roten Band um seinen Hals klingelte zart und leise dazu.

So geschah es, dass die Hirten, nachdem sie endlich nach langem Suchen in der Nacht den Stall gefunden hatten, mit dem Schaf hereinkamen.

Alles war genauso, wie es der Engel gesagt hatte. Sie knieten vor der Krippe und beteten das Kind an. Als sie der Frau das Schaf schenkten, ging auch die kleine Rahel mit dem Lämmchen auf dem Arm zögernd zur Krippe. Staunend und voller Freude betrachtete sie das Kind.

Da legte ihr die Mutter des Kindes ganz zärtlich den Arm um die Schulter.

Und Rahel fühlte sich so glücklich wie damals, als ihre eigene Mutter noch bei ihr war.

»Ich bin Maria!«, sagte die Frau mit lieber Stimme. »Ich danke dir, dass du gekommen bist!«

»Ich bin Rahel!«, sagte Rahel leise und wünschte sich, dass der Arm der Frau noch lange dort auf ihrer Schulter bleiben würde. »Das Lämmchen ist auch für euch!«, fügte sie noch hinzu. Dann bückte sie sich und ließ das Lamm aus ihren Armen ganz behutsam auf die Erde gleiten. Es stand noch einen Augenblick unschlüssig herum. Als es aber seine Mutter leise blöken hörte, sprang es mit weiten Sprüngen auf sie zu. Dabei klingelte das Glöckchen an seinem Hals ganz zart und hell.

»Ist das schön!«, sagte Maria und streichelte das Lämmchen zart. »Wo hast du nur dieses wunderschöne Silberglöckchen her?«, fragte sie dann.

»Gefunden!«, sagte Rahel und verbesserte sich gleich darauf: »Für das Kind gefunden! Ich will es ihm schenken!«

Maria wollte Rahels Geschenk nicht annehmen. Doch Rahel beharrte darauf, dass das Glöckchen an dem Band blieb und von nun ab ihnen gehören sollte. Schließlich erinnerte sie sich nur zu gut an das, was die alte Ruth gesagt hatte.

Ja, so blieb das zarte Klingen auch noch im Stall, als die Hirten mit der kleinen Rahel schon längst wieder gegangen waren. Das Leuchten und Glitzern blieb aber in Rahels Augen ihr ganzes Leben lang. Jeder liebte sie, denn dieses Leuchten und Glitzern kam aus ihrem Herzen heraus.

Das Glöckchen aber klingt bis heute noch weiter. Immer dann, wenn im Weihnachtszimmer alles vorbereitet ist und alle Kinder sehnsüchtig vor der Tür warten, dann beginnt das Weihnachtsglöckchen leise zu klingen. Dann wird die Tür zur Bescherung geöffnet und Weihnachten fängt wirklich an.

Rolf Krenzer

Komm, wir gehen nach Betlehem

1. Komm, wir gehn nach Betlehem!
Didl, dudl, didl, dudl, didl, dudl dei!
Jesulein, Herre mein,
wiegen will ich dich gar fein!

Fritz, du spielst den Dudelsack!
Didl, dudl …

Hansel, blas die Flöte du!
Didl, dudl …

Und du, Jörgel, streich die Geige!
Fidl, fidl …
… fidl fum fei!

Max, du lass den Bass erklingen!
Brumm, brumm…

Aus Tirol

Weihnachtsüberraschungen

Wenn ich versuche zurückzudenken, dann gibt es nicht viele Weihnachtsabende, an die ich mich noch genau erinnern kann. Die Erinnerungen verwischen und vermischen sich mit der Zeit, weil sie sich zu sehr ähneln. Der Ablauf des Weihnachtsabends blieb immer gleich, das Einzige, was wechselte, waren die Weihnachtsgeschenke.

Ein paar Weihnachtsfeste blieben mir allerdings in Erinnerung. Das waren die besonders traurigen (während der Kriegszeit, wenn wir mit meiner weinenden Mutter etwas betreten neben dem Christbaum saßen) oder die besonders lustigen.

Aber das aufregendste Weihnachtsfest war zweifellos das, als Vater den Christbaum aus dem Fenster warf.

Die ganze Verwirrung damals kam wahrscheinlich zustande, weil sich meine große Schwester eine Weihnachtsüberraschung ausgedacht hatte, von der zwar ich etwas wusste, nicht aber der Rest der Familie. Und weil sich mein Vater gleichzeitig eine Weihnachtsüberraschung hatte einfallen lassen, von der der Rest der Familie wusste, nicht aber meine große Schwester und ich.

Unsere Weihnachtsüberraschung, also die von meiner Schwester und mir, war Joschi.

Vaters Weihnachtsüberraschung war Tante Rosi.

Joschi war ein japanischer Student, den meine Schwester in München auf der Universität kennen gelernt hatte. Während des Sommers war er drei Tage bei uns zu Besuch gewesen. Die ganze Familie hatte ihn auf Anhieb gern; obwohl es schwierig war, sich mit ihm zu unterhalten. Er sprach nämlich kaum ein Wort Deutsch. Mit meiner Schwester unterhielt er sich englisch, aber Englisch konnten meine Eltern nicht, und meine Schwester war es nach ein paar Stunden leid, alles, was sie oder Joschi sagten, zu übersetzen.

Tante Rosi war meine Großtante. Sie kam ab und zu bei uns vorbei und ich empfing sie jedes Mal mit gemischten Gefühlen. Auf die Tante freute ich mich schon, denn sie war nett und wusste, dass eine Großtante ihrem Großneffen immer etwas mitzubringen hatte. Leider brachte sie auch immer Mucki mit. Das war ihr Hund, ein dicker, überfütterter Pudel, der Kinder nicht leiden konnte, jedes Mal knurrte, wenn ich in seine Nähe kam und mich mehr als einmal fast gebissen hätte. Sie musste Mucki überall mit hinnehmen, weil sie allein lebte und niemand sonst auf Mucki aufgepasst hätte.

Der Weihnachts-Überraschungs-Plan meiner Schwester sah so aus: Sie war am Nachmittag aus München zurückgekommen, hatte Joschi heimlich mitgebracht und es war ihr sogar gelungen, ihn unbemerkt in mein Zimmer zu schmuggeln. Da war er vor Entdeckung sicher, denn die Eltern durften am Weihnachtsnachmittag die Kinderzimmer nicht betreten, so war es abgemacht, weil dort die Geschenke für sie versteckt waren.

Joschi sollte sich aus meinem Zimmer schleichen und vor der Tür warten, nachdem wir uns alle im Weihnachtszimmer versammelt hatten. Und wenn wir – wie jedes Jahr – anfingen, »Stille Nacht« zu singen, sollte er die Tür aufmachen und plötzlich im Weihnachtszimmer stehen.

Meine große Schwester hatte mir einen Indianer-Kopfschmuck versprochen, wenn ich niemandem etwas von dieser Überraschung erzählte. Sie wusste, dass auf meiner Wunschliste an erster Stelle stand: ein Zauberkasten und ein Indianer-Kopfschmuck aus Federn.

Was wir beide nicht wussten: Fast gleichzeitig mit Joschi war Tante Rosi mit Mucki gekommen. Wir hatten sie nicht gehört, weil wir so mit Joschi beschäftigt waren.

Der Weihnachts-Überraschungs-Plan meines Vaters sah so aus: Er hatte Tante Rosi gleich ins Weihnachtszimmer geschmuggelt. Dort lagen schon die Geschenke für mich: eine Zauberausrüstung mit Hut, Zauberstab und rotem Umhang und eine Indianer-Federkrone, die meine Mutter selbst gemacht hatte. Kurz bevor ich ins Weihnachtszimmer kam, sollte Tante Rosi die Federkrone aufsetzen und sich hinter dem zugezogenen

Fenstervorhang verstecken. Meinem Vater war klar, dass ich meine Zaubersachen gleich ausprobieren würde, vielleicht sogar ein bisschen enttäuscht darüber, dass der Indianer-Kopfschmuck, den ich mir so gewünscht hatte, doch nicht auf dem Gabentisch lag. Aber nach meinem ersten Zauberspruch würde sich der Vorhang teilen und Tante Rosi erscheinen, als Indianer mit meiner Federkrone.

Endlich war es draußen dunkel geworden, meine Mutter rief nach uns, die Tür zum Weihnachtszimmer wurde geöffnet. Die Kerzen am Christbaum brannten und spiegelten sich in den versilberten Christbaumkugeln. Es roch weihnachtlich.

Zu meiner Überraschung bestanden meine Eltern nicht darauf, dass erst einmal Weihnachtslieder gesungen werden müssten, wir durften uns gleich die Geschenke ansehen.

Ich entdeckte sofort die Zaubersachen und stürzte mich darauf.

»Gefallen sie dir?«, fragte meine Mutter.

»Ganz toll!«, rief ich und setzte gleich den spitzen Zauberhut auf, um zu sehen, ob er mir passte.

»Sicher willst du den Zauberstab gleich ausprobieren!«, sagte mein Vater.

»Nein, erst muss ich den Zaubermantel anziehen«, antwortete ich und versuchte, mir den Zauberumhang umzulegen. Ich kam mit dem Verschluss nicht zurecht.

Mein Vater stand ungeduldig daneben.

»Ich werde gleich was verschwinden lassen«, sagte ich.

»Verschwinden lassen ist nicht gut«, sagte mein Vater.

»Zauberer zaubern etwas her. Am besten etwas Großes, etwas Lebendiges. Keinen Gegenstand!«

»Vielleicht einen Elefanten?«

»Der ist zu groß, der passt ja nicht ins Zimmer! Es muss ein Mensch sein!«

»Ein Mensch? Also gut! Ein fremder Mensch?«

Ich dachte an den armen Joschi, der ja immer noch vor der Tür stand, da wir bis jetzt noch keine Weihnachtslieder gesungen hatten.

»Einen Japaner«, rief ich. »Ich werde einen Japaner herzaubern!«

»Japaner!«, wiederholte mein Vater ärgerlich. »Fällt dir nichts Besseres ein? Du hast doch den Lederstrumpf gelesen. Na? Jemand aus einem anderen Volk, von ganz weit her!«

»Du hast wohl etwas gegen Japaner!«, rief meine Schwester empört und wurde ganz aufgeregt.

»Nein, natürlich nicht, das weißt du doch. Aber es dauert wirklich ewig, bis er sich den Indianer herwünscht!«

»Woher soll ich denn wissen, dass es ein Indianer sein soll!«, sagte ich beleidigt und war nahe daran, in Tränen auszubrechen. Ich verstand meinen Vater nicht. Es war doch klar, dass das Ganze ein Spiel war. Meine Mutter sagte vorwurfsvoll: »Ihr werdet doch am Heiligen Abend keinen Streit anfangen wollen!«

»Du hast Recht«, sagte meine große Schwester. »Wir sollten endlich anfangen zu singen.«

»Nein, noch nicht«, sagte mein Vater aufgebracht. »Du singst doch sonst nie gerne Weihnachtslieder. Warum denn ausgerechnet jetzt, wo sich dein Bruder einen Indianer herwünschen will!«

»Also gut«, sagte ich. »Zaubere ich einen.«

»Aber von wo soll er kommen?«, fragte mein Vater. »Schau dich mal um, am besten wäre es wie über eine Bühne.« Dabei stellte er sich neben den Fenstervorhang.

»Nein, von der Tür«, sagte ich. Denn ich dachte an Joschi, der immer noch draußen stand.

»Nicht durch die Tür!« Mein Vater wurde ärgerlich. »Er muss durchs Fenster kommen.«

»Nein, durch die Tür«, beharrte ich.

»Durchs Fenster!«

»Jetzt lass doch den Paul wünschen«, sagte meine Schwester mit Nachdruck. »Schließlich ist es doch sein Zauberstab.«

Ich merkte, dass mein Vater schon wieder nah dran war, aufzubrausen. Er bekam schon einen ganz roten Kopf, deswegen sagte ich schnell: »Na schön, soll der Japaner durchs Fenster kommen.«

»Der Indianer, der Indianer!«, verbesserte mein Vater.

Ich nahm meinen Zauberstab in die rechte Hand und zog einen weiten Zauberkreis über den Vorhang. Ehe ich aber dreimal »Abrakadabra« sagen konnte, stürzte mit lautem Bellen Mucki auf mich zu und biss sich in meinem roten Zaubermantel fest. Einen Augenblick später erschien Tante Rosi im Indianerkopfschmuck zwischen den Vorhanghälften, schrie: »Mucki, brav! Mucki, hierher!«, packte Mucki am Halsband und zog so stark sie nur konnte. Mucki ließ meinen Zaubermantel aus den Zähnen, Tante Rosi stolperte rückwärts gegen den Christbaum, der Baum kippte und fiel um. Im Nu fingen die Zweige an zu brennen. Tante Rosi schrie: »Feuer!« und rannte zur Tür, meine Mutter rief: »Wasser! Schnell!« und lief ihr nach. Tante Rosi erreichte die Tür als erste, riss sie auf, schrie: »Huh!« oder »Huch!« oder so etwas Ähnliches und blieb wie versteinert stehen. Etwas verlegen kam Joschi ins Zimmer, lächelte erst und schaute dann erschrocken auf den brennenden Christbaum. Meine Mutter sagte entgeistert: »Der Joschi!!!« und blieb ebenfalls stehen. Nur mein Vater sagte überhaupt nichts, rannte zum Fenster, riss es auf, packte den brennenden Christbaum und warf ihn mit allen Christbaumkugeln, Strohsternen und vergoldeten Nüssen hinaus in den Schnee.

Später saßen wir dann alle um den Tisch und aßen den Weihnachtssalat aus Kartoffeln, Nüssen und Äpfeln, den es jedes Jahr gab. Joschi strahlte, meine Schwester lachte pausenlos und mein Vater sagte: »Ich glaube, diesen Weihnachtstag werden wir nicht so schnell vergessen!«

Und damit hat er Recht gehabt. Wenn ich mal nach Japan komme, kann ich ja meine Schwester fragen, ob sie sich auch noch daran erinnert.

Paul Maar

Der Koffer

Koffer guckt man im Allgemeinen nicht genauer an. Leute tragen sie herum, reisen mit ihnen. Manche Koffer sehen schön aus, sind aus glattem Leder, manche sind abgewetzt, fallen beinahe auseinander. Im Märchen gibt es Zauberkoffer; in der Wirklichkeit gibt es sie nicht. Der Koffer, den Georg neben sich herschleifte, war für ihn zu schwer, aber wichtig. Georg war zehn Jahre alt, reiste mit seiner Mutter, seiner Schwester und seiner dauernd mürrischen Großmutter ins Ungewisse. Damals, 1945, reisten viele Leute ins Ungewisse. An einem Ort, den sie vorher nicht gekannt hatten, kamen sie dann an und richteten sich ein.

Sie waren noch nicht angekommen. Sie fuhren in einem Zug, von dem man sich heute keine Vorstellung mehr machen kann: er bestand aus lauter Güterwaggons, in die Menschen gepfercht waren. Und das für Wochen. Wer Glück und Kraft hatte, konnte sich einen Platz zum Liegen erobern. Die anderen saßen Tag und Nacht mit angezogenen Knien auf den Holzbrettern und warteten darauf, irgendwann aussteigen zu können. Der Zug hielt des Öfteren auf den Abstellgleisen größerer Bahnhöfe. Sehr viele Bahnstationen waren von Bomben getroffen, ein Teil der Gleise war aufgebrochen, es sah aus, als führten die Schienen, von der Hitze und den Detonationen gebogen, in den Himmel. Sie hielten auf dem Bahnhof von Landshut. Jemand sagte, heute ist Heiligabend. Die Leute, die seit zwei Wochen unterwegs waren, hatten es vergessen. Sie hatten nicht vergessen, dass es Winter war, denn sie froren Tag und Nacht und konnten sich nur aneinander wärmen.

Georg sprang aus dem Waggon, lief die Böschung hinunter, rutschte aus, fiel hin, blieb im Schnee liegen und sah im Fenster eines Hauses, das entfernt und einzeln stand, einen Weihnachtsbaum. Er konnte sich nicht denken, dass irgendjemand auf dieser Welt in einer warmen Wohnung Weihnachten feierte. Er hasste die Leute, die die Kerzen an dem Baum angezündet hatten, stellte sich vor, dass Kinder Geschenke auspackten und wünschte sich, sie verprügeln zu können.

Ein paar der älteren Leute fingen an, »Stille Nacht« zu singen. Er wollte das Lied nicht hören, stopfte sich die Finger in die Ohren. Für ihn gab es kein Weihnachtsfest, der Zug war kein Ort dafür, auch das Gleis am Rande des Bahnhofs nicht. Nur wusste er jetzt, dass es selbst zu einer Zeit, da fast alle unterwegs waren und nichts hatten, Menschen gab, die in Häusern wohnten und Weihnachten wie früher feierten. Ihn entsetzte diese Ungerechtigkeit. Er erwartete, dass eine Bombe auf das Haus falle. Seine Mutter rief ihn und sagte, er solle den Koffer aus der Ecke des Waggons holen, seinen Koffer, sie habe etwas hineingepackt, über das er sich freuen werde. Er weigerte sich, sagte: »Ich habe keine Lust, mich zu freuen. Lass mich in Frieden.«

Seine kleinere Schwester sagte: »Aber ich will mich freuen.« Er zerrte den Koffer aus der Ecke, traf mit einem Knie Schlafende, wurde beschimpft und gestoßen. Sie setzten sich in einem Kreis um den Koffer, die Mutter öffnete ihn, kramte unter Kleidern und Wäsche und holte ein Hindenburg-Licht heraus. Solche Lichter gibt es heute nicht mehr und man würde sie wahrscheinlich nicht mehr so nennen. Es waren flache Schälchen aus Pappe, in die um einen Docht Wachs gegossen war. Sie brannten unendlich lange, mit sehr kleiner Flamme. Die Mutter hatte keine Streichhölzer und musste eines erbetteln. Sie zündete die Kerze an, griff noch einmal in den Koffer, zog einen Schal und Handschuhe heraus. Den Schal gab sie ihm, die Handschuhe seiner Schwester. Die Großmutter sagte: »In Betlehem war es gemütlicher.«

Sie sangen nicht, es bildete sich ein Kreis um das Licht, man sah zu, wie es im Luftzug flackernd brannte. Georg schaute hinüber zu dem Fenster. Es war ihm jetzt gleichgültig. Er fand, dass Weihnachten, wie es früher war, nicht mehr sein konnte. Er fror, wickelte sich den Schal um den Hals und freute sich über die Wärme.

Peter Härtling

Das verschwundene Jesuskind

*D*ie ganze Gemeinde war stolz auf die Weihnachtskrippe in ihrer Pfarrkirche. Denn alle hatten ihren Anteil zu der kunstvollen Bastelarbeit der Krippe beigetragen. Auch die Bemalung der lebendig wirkenden Figuren von Maria und Joseph, der Hirten und Könige, von Öchslein und Eselein und den weißen wolligen Lämmchen, die sich zwischen den Hirten neugierig hinzudrängten, war Gemeinschaftswerk gewesen. Neben dem Eingang zur Höhle standen ein paar exotische Pflanzen, eine Zwergpalme, eine Aloe und ein paar blühende Kakteen. Über der Höhle leuchtete der Stern von Betlehem. Das Innere der Höhle lag im Dunkel, aber in der Wölbung war eine Öffnung, durch die der helle Glanz des Sterns hereinstrahlte. Er beschien das Jesuskind in der Krippe, es war, als ginge von dem göttlichen Kinde aller Glanz aus, der vom Antlitz seiner Mutter widerstrahlte und der auch all die anderen Figuren hell und leuchtend aus dem geheimnisvollen Dunkel hob.

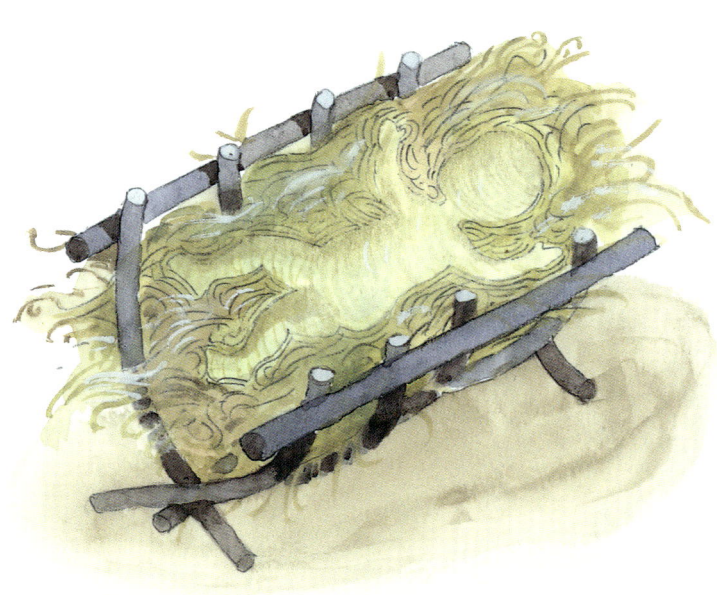

Das Jesuskind in der Krippe war die Freude aller Kinder. Es lächelte
so lieb und hold und streckte seine Händchen aus, als wolle es sagen:
»Lasset die Kindlein zu mir kommen« – Und sie kamen nur zu gern.
Niemand hätte sich ein Weihnachtsfest ohne diese Krippe vorstellen
können. Fing doch das Weihnachtsfest an, wenn in der Mette um Mitternacht der Stern über der Höhle aufleuchtete und in seinem hellen Licht
das Jesuskind in der Krippe plötzlich sichtbar wurde, als sei es eben vom
Himmel herabgestiegen.

Und dann geschah das Unfassbare. Als am dritten Tage nach Weihnachten
der Pfarrer durch das Kirchenschiff zur Sakristei ging und dabei noch
einen Blick auf die Krippe werfen wollte, kam ihm der Küster in heller
Verzweiflung entgegen.

»Hochwürden – Hochwürden!«, stotterte er heiser vor Aufregung, »das
Kind ist weg! Unser Jesuskind – aus der Krippe haben sie es gestohlen!«
Der Pfarrer schüttelte ungläubig den Kopf. »Das gibt es in unserer
Gemeinde nicht.«

»Dann muss es jemand aus einer anderen Gemeinde sein, der neidisch auf
unsere schöne Krippe war.« Auch das schien dem Pfarrer nicht einzu-
leuchten. Er entgegnete ruhig und bestimmt: »Wir wollen selber Detektiv
spielen. Ich setze mich hier in den Beichtstuhl und ziehe den Vorhang
etwas zurück. So kann ich alles übersehen, was bei der Krippe geschieht.
Und Sie verstecken sich hinter dem Pfeiler dort.«

Kaum hatte der Küster sein Versteck und der Pfarrer seinen Spähposten
bezogen, als die Kirchentür sich öffnete und kurze eilige Schritte von den
Steinfliesen widerhallten. »So unbekümmert tritt kein Dieb auf«, sagte
sich der Pfarrer und neigte sich etwas vor, um den Eintretenden besser
sehen zu können.

Der Kleine, der da so selbstsicher, ohne nach links und rechts zu sehen, direkt auf die Krippe zulief, war ein etwa fünfjähriges Bübchen aus dem Dorf. Wie wird er erschrecken, wenn er die Krippe leer findet, dachte der Pfarrer mit Bedauern. Aber was trug er im linken Arm, sorglich mit dem Mäntelchen verdeckt? Ob er dem Jesuskind ein Spielzeug bringen wollte? – Schon manchmal hatte der Pfarrer bunte Murmeln und Bälle und Süßigkeiten gefunden, die Buben und Mädchen dem Kind in der Krippe wie einem kleinen Spielkameraden heimlich gebracht hatten. Aber was der Kleine jetzt unter dem Mäntelchen hervorholte, schien ein großes Spielzeug zu sein.

Der Pfarrer vergaß für einen Augenblick seine Rolle als Detektiv und schob den Vorhang zurück, um zu beobachten, wie der Kleine sich verhielt, wenn er die Entdeckung machte, dass das Jesuskind verschwunden war.

Aber von Erschrecken war nichts zu bemerken. Das Kind beugte sich über die leere Krippe und legte mit äußerster Behutsamkeit das Mitgebrachte hinein. Dann glättete es sorgfältig Stroh und Moos ringsum, und als es dabei zur Seite trat und den Blick auf die Krippe freigab, glaubte der Pfarrer seinen Augen nicht trauen zu dürfen – denn da lag vor ihm lächelnd, mit zärtlich ausgestreckten Händchen, das verschwundene Jesuskind.

Nun wandte sich der Knabe zum Weggehen. Aber dann blickte er sich noch einmal um und nickte dem Kind in der Krippe so vertraut und lächelnd zu, wie einem guten Kameraden nach fröhlichem Spiel. Da stand der Pfarrer vor ihm.

»Wie kommst du zu dem Jesulein?«, fragte er maßlos erstaunt. »Wo hast du es gefunden? Oder wer hat es dir gegeben?«

»Niemand hat es mir gegeben«, sagte der Bub, »ich habe es aus der Krippe genommen.«

»Aber warum denn? Was hast du denn mit dem Jesuskind gemacht?« Jetzt wurde der Kleine verlegen und blickte scheu vor sich hin.

Dann schaute er den Pfarrer treuherzig an und sagte: »Herr Pfarrer, das war nämlich so: Ich hätte so gern einen schönen Roller gehabt, weil ich doch so gern Roller fahre.«

»Und hast keinen bekommen?«, fragte der Pfarrer voll Bedauern.

»Meiner Mutter war er zu teuer«, erklärte der Bub, »und da hab ich mir vom Christkind einen gewünscht.«

»Und das Christkind hat dir den Roller gebracht?« – »O ja, Herr Pfarrer«, sein Gesichtchen strahlte. »Einen ganz wunderschönen Roller. Und ich bin so glücklich und dem lieben Christkind so dankbar. Ach, Herr Pfarrer, und da hab ich gedacht, wo doch alle Kinder so gern Roller fahren, würde es dem Christkind auch Freude machen, und weil ich ihm so dankbar bin, wollte ich ihm mal zeigen, wie schön es sich mit dem neuen Roller fahren lässt …«

»Und da bist du mit dem Jesuskind Roller gefahren?«

»Ja, Herr Pfarrer, jetzt eben in der schönen Mittagssonne. Drei Ehrenrunden hab ich mit ihm um die Kirche gemacht.«

Catharina Bachem-Tonger

Als Weihnachten ausfiel

❄ 1 ❄

Nicht jetzt – irgendwann, wahrscheinlich in ein paar Jahren, hatten Herr und Frau Schmidt keine Lust mehr, Weihnachten zu feiern.

»Der Trubel fängt immer früher an«, sagte Frau Schmidt, als im August die ersten Lebkuchen im Schaufenster lagen.

Herr Schmidt brummte: »Das ist alles nur Geschäft.«

Frau Schmidt war der gleichen Meinung. Darum sagte sie: »Das machen wir nicht mehr mit. Niemand kann uns dazu zwingen. Ich finde, wir lassen Weihnachten einfach mal ausfallen.«

Herr Schmidt war einverstanden. Sie beschlossen also, sich um nichts zu kümmern, was mit Weihnachten zusammenhing. Keine Aufregung, keine Vorbereitungen, keine Anstrengungen. Weihnachten sollte ein Tag wie jeder andere sein.

❄ 2 ❄

Während nun in den nächsten Wochen alle Leute mit Tüten, Einkaufsbeuteln, Taschen und Paketen durch die Stadt und von Kaufhaus zu Kaufhaus, von Geschäft zu Geschäft hetzten, gingen Herr und Frau Schmidt gemütlich im Park spazieren und fütterten die Enten. Es war ganz ruhig dort und sie waren allein. Wenn sie heimkamen, fanden sie manchmal im Briefkasten eine bunte Karte, auf der ihnen irgendjemand »FROHE WEIHNACHTEN« wünschte. Sie warfen die Karte weg und sagten: »Weihnachten fällt für uns aus!«

Allerdings träumte Herr Schmidt in dieser Zeit, dass er wieder ein Kind war, das auf den Weihnachtsmann wartete. Aber davon erzählte er Frau Schmidt lieber nichts.

Frau Schmidt sang manchmal heimlich ein Weihnachtslied vor sich hin, doch nur, wenn Herr Schmidt nicht in der Nähe war. Wenn sie zusammen waren, sagten sie immer wieder: »Wir hatten eine gute Idee!«

3

Schließlich war der Heilige Abend da.

Morgens beim Frühstück sagte Frau Schmidt: »Ich denke, ich werde heute mal Wäsche waschen.«

»Ja, mach das«, sagte Herr Schmidt, »dann repariere ich endlich unsern Kleiderschrank.« Doch dazu brauchte er Dübel und Schrauben und Frau Schmidt hatte nicht mehr genug Waschpulver.

Herr und Frau Schmidt mussten also einkaufen gehen.

Alle Leute schienen an diesem Tag unterwegs zu sein. Herr und Frau Schmidt kamen im Gedränge nur langsam voran. Sie wurden gestoßen, geschoben und getreten, bis sie vor dem Kaufhaus standen.

Außer Atem sagte Frau Schmidt: »Das ist ja grässlich! Nur schnell weg von hier. Am besten, wir trennen uns, dann geht es schneller.«

Herr Schmidt wurde schon weiter gedrängt. Er rief noch: »Wir treffen uns hinterm Kaufhaus!«, dann war er verschwunden.

4

Waschpulver gab es unten im Supermarkt. Frau Schmidt kam kaum an das Regal heran. Immer wieder fuhren Leute mit hochbepackten Wagen an ihr vorbei und schoben sie weg. Als sie endlich ihr Waschpulver hatte, musste sie vor der Kasse in einer langen Schlange warten. Die Kassiererin tippte, als ob sie fünfzig Finger hätte. Endlich war Frau Schmidt an der Reihe. Sie bezahlte und steckte ihr Waschpulver in einen Einkaufsbeutel. Dann zwängte sie sich als Letzte in einen überfüllten Fahrstuhl.

Alle hatten drei oder vier oder fünf Einkaufsbeutel, und beim Aussteigen mussten sie aufpassen, dass sie sich nicht verhedderten und dass jeder seinen eigenen Einkaufsbeutel behielt. Frau Schmidt hatte Glück. Sie konnte gerade noch, ehe der Fahrstuhl wieder losfuhr, ihren Einkaufs-beutel an sich reißen.

5

Herrn Schmidt erging es nicht besser.

Dübel und Schrauben gab es oben im vierten Stock. Aber dort gab es auch Kerzen, Kugeln und Lametta. Das kauften die Leute in großen Mengen, doch niemand außer Herrn Schmidt kaufte heute Dübel und Schrauben.

Es dauerte eine ganze Weile, ehe er bezahlen konnte. Dann dauerte es noch mal lange, bis er einen Platz auf der vollen Rolltreppe fand.

Dabei verlor er fast das Gleichgewicht und fast seinen Einkaufsbeutel. Schließlich war er unten.

6

Herr und Frau Schmidt trafen sich zur gleichen Zeit hinterm Kaufhaus. Beide ruhten sich einen Augenblick von den Anstrengungen aus.

Ein Mann, der dort Weihnachtsbäume verkauft hatte, rief ihnen zu: »Wie wär's denn, meine Herrschaften, hier habe ich den letzten Weihnachtsbaum, ein Sonderangebot zum halben Preis! Greifen Sie zu, ab morgen wird der Verkauf für ein Jahr eingestellt!«

Herr und Frau Schmidt sahen sich den kleinen, krummen Baum an, den ihnen der Mann entgegenhielt. Frau Schmidt schüttelte den Kopf und meinte: »Der hätte lieber im Wald stehen bleiben sollen.«

Herr Schmidt erklärte dem Mann: »Wir sind gegen Weihnachten. Wir lassen es ausfallen.«

»Das ist wohl so eine neue Masche«, sagte der Mann, stopfte den kleinen Baum in eine Mülltonne und fuhr mit seinem Lastwagen davon.

7

Daheim tranken Herr und Frau Schmidt am Nachmittag Tee, wie alle Tage. Dann saßen sie herum und sagten nichts. Sonst hatten sie sich immer was zu erzählen. Herr Schmidt dachte an seinen Traum und Frau

Schmidt dachte an alle Weihnachtsliederstrophen, die sie kannte. Fast hätte sie gesungen, doch sie sagte lieber: »Also, ich werde jetzt Wäsche waschen.«

»Gut, dann repariere ich jetzt den Kleiderschrank«, sagte Herr Schmidt. Sie standen auf und gingen in die Küche.

Dort lagen noch die beiden Einkaufsbeutel. Weil sie aus demselben Kaufhaus stammten, sahen beide ganz gleich aus. Herr Schmidt nahm einen in die Hand und sah hinein. Dann schnupperte er. Aus dem Beutel roch es merkwürdig gut, es roch so nach Weihnachten! Als Herr Schmidt nun hineinfasste, griff er Lebkuchen, Äpfel und Zuckerzeug.

Herr Schmidt freute sich zwar, aber er sagte zu Frau Schmidt: »Du hast aber merkwürdiges Waschpulver gekauft!«

»Ich? Wieso? Kein anderes als sonst«, sagte Frau Schmidt. Dann sah auch sie, was in dem Beutel war. »Das hab ich nicht gekauft, das ist sicher dein Beutel«, sagte sie. Und dann meinte sie: »Ich habe geahnt, dass du dich nicht an unsere Abmachung halten wirst.«

Herr Schmidt sagte etwas eingeschnappt: »Nein, dieses hier ist mein Beutel!« Er nahm den anderen Einkaufsbeutel und stülpte ihn um. Über den Küchentisch rollten Kerzen, Kugeln und Lametta.

Herr und Frau Schmidt sahen sich an und beide dachten voneinander dasselbe. Endlich meinte Herr Schmidt: »Nein, nicht, was du denkst! Ich habe wirklich nur Dübel und Schrauben gekauft!«

»Und ich Waschpulver, nichts anderes. Wie wir es abgemacht hatten.« Sie sahen sich wieder an und dachten nach.

»Dann sind die Beutel im Gedränge vertauscht worden«, sagte Herr Schmidt. »Irgendwelche Leute müssen nun mit Dübeln, Schrauben und Waschpulver Weihnachten feiern«, lachte Frau Schmidt.

 8

Herr und Frau Schmidt saßen am Küchentisch. Die Lebkuchen dufteten. Die Kugeln waren so blank, dass alles ringsumher sich bunt in ihnen spiegelte. Und draußen läuteten die Glocken.

Plötzlich sagten beide gleichzeitig: »Frohe Weihnachten!« Sie sprangen auf und zogen die Mäntel an.

Dann rannten sie durch die leeren Straßen. Sie rannten bis hinter das Kaufhaus. Dort zogen sie den kleinen, krummen Baum aus der Mülltonne.

Margret Rettich

Es war ein gesegneter Abend

Die Schaffnerin wunderte sich über die alte Frau, die an diesem Heiligen Abend als einziger Fahrgast in ihrem Wagen fuhr, von einer Endstation zur andern. Sie wunderte sich, dass sie keine Anstalten machte auszusteigen. Sie konnte nicht verstehen, dass es einen Menschen gab, der an diesem Abend freiwillig in einer Straßenbahn verbrachte. Für sie selbst war der Dienst heute eine Qual. Sie wandte den Blick ab, wenn sie zufällig im Vorüberfahren einen Weihnachtsbaum bemerkte, dessen Kerzen brannten und dessen rote und silberne Kugeln bis zu ihr in den Wagen leuchteten. Sie dachte dann an ihre beiden Kinder, die allein zu Hause im Bett lagen und schliefen. Hoffentlich schliefen! Beim Abschied vor drei Stunden hatte Lore geweint. »Nun kommt der Weihnachtsmann nicht zu uns, morgen ist es doch nicht mehr richtig.« Nein, morgen Abend war es nicht mehr richtig. Deshalb war es besser, nicht zu den Weihnachtsbäumen zu schauen, eher zu der alten Frau dort, die auch nicht zu den Glücklichen zu gehören schien.

Sie saß vornübergebeugt, hielt die Hände im Schoß und sah auf den Fußboden, als blickte sie in eine Welt, die versunken war. Einmal bemerkte die Schaffnerin, wie sie sich die Augen wischte. Dann war sie lange Zeit

wieder ohne jede Bewegung, ganz verloren an das eigene Schicksal, das ihr an diesem Abend keine Wärme, keine Freude gönnte.

Die Schaffnerin wusste später nicht, woher sie den Mut genommen hatte, die alte Frau anzusprechen, und ihr ein paar Plätzchen anzubieten, die ihr Ingrid daheim noch eingepackt hatte. »Damit du knabbern kannst, Mutti, wenn du traurig wirst«, hatte sie gesagt. Nun knabberte die alte Frau an den Honigkuchen, und die Trostlosigkeit war plötzlich aus dem Wagen verschwunden.

»Wissen Sie«, sagte die Frau, »ich hatte zwei Söhne und einen Mann, einen guten Mann, aber der ist schon lange tot. Ein Sohn lebt noch, drüben in Amerika, der andere ist im Krieg geblieben. Ich habe mich an das Alleinsein gewöhnt. Das ganze Jahr über geht es gut, aber am Heiligen Abend kann ich nicht zu Hause sein. Da schleicht es aus allen Ecken auf mich zu, Erinnerungen, Gedanken, Wünsche, – ich muss davor fliehen, sonst bringen sie mich um. Ja, wenn ich noch für jemanden sorgen könnte. So bin ich zu nichts nütze, – das ist schlimm.«

»Ich habe zwei Kinder, die sind traurig, weil ich heute Abend Dienst habe«, sagte die Schaffnerin. »Ich muss arbeiten, mein Mann ist vor zwei Jahren tödlich verunglückt, ich muss Geld verdienen. Morgen habe ich frei und auch übermorgen bis zum Abend. Wir werden morgen die Kerzen anzünden und bescheren. Ich habe das Essen schon vorgekocht, es bleibt nur wenig zu tun, ich habe viel Zeit für die Mädchen. Es ist nicht leicht, wissen Sie, alles in Ordnung zu halten, den Kindern eine gute Mutter zu sein und einen Beruf auszuüben. Wenn ich nur jemanden hätte, der mal zu Haus nach den Kindern schaute, wenn ich schaffnern muss, ich würde viel ruhiger sein können.«

Sie sahen sich beide an, die alte Frau und die Schaffnerin. Es wurden Gedanken in ihnen wach, die sie noch nicht zu denken wagten. Sie wollten sie auch nicht mit leeren Worten zerreden. So fuhren sie schweigsam miteinander von einer Endstation zur anderen, aber ihr Schweigen war nicht bitter, es war erfüllt von dem guten Gefühl menschlicher Zuneigung, das alles Unklare, Nichtige zwischen ihnen verdrängte und nur dies lebendig sein ließ: den Wunsch, dem Menschen da zu helfen, und das Wissen, dadurch selbst zufrieden zu werden. Vielleicht auch glücklich.

Auf der letzten Fahrt sagte die Schaffnerin: »Es wäre schön, wenn Sie morgen Mittag zu uns kommen würden. Die Kinder würden sich freuen. Sie hätten dann mit einmal eine Oma zu Weihnachten bekommen.« Und sie dachte: Vielleicht bleibt die Oma, und ich kann ruhiger zum Dienst gehen …

Die alte Frau lächelte ein wenig, als sie ihr Kommen versprach. Sie dachte dabei: Vielleicht bekomme ich zwei Enkel geschenkt. Dann wäre mein Leben nicht mehr ohne Sinn.

Sie gingen auseinander, als kennten sie sich schon lange. Sie freuten sich auf morgen.

Anneliese Probst

Kapitel IV

Ihr Hirten erwachet

Die Hirten

*I*ch sah zur Nacht
ein helles Licht.
Erwacht! Erwacht!
Seht ihr es nicht?

Ich bin wie blind.
Die Melodie
rauscht wie ein Wind.
Sagt, hört ihr sie?

Ein Kind im Stall!
Was ist geschehn?
Kommt schnell, kommt schnell,
es anzusehn.

Friedrich Hoffmann

Warum der Bär sich wecken ließ

In jener Nacht, als Engel den Hirten auf den Feldern von Betlehem die Geburt des Heilands verkünden, hört das auch die Maus. Und sie sieht den großen Stern am Himmel leuchten. Eine gute Nachricht, denkt sie und läuft gleich los, es den anderen Tieren weiterzusagen.

Zuerst weckt sie den Hamster, der nicht weit von ihrem Loch wohnt. Der Hamster, der gerade mit seinem Wintervorrat zu tun hat, ist ärgerlich: »Warum störst du mich mitten in der Nacht?«

»Hör zu«, sagt die Maus. »Ich habe eine gute Nachricht für dich. Ein König ist geboren.«

»Ein König? Muss es gleich ein König sein?«

»Ja«, antwortet die Maus, »und er ist größer und stärker als jeder andere König. Komm mit. Wir wollen ihn besuchen.«

»Lass mich in Ruhe. Eine Mäuseneuigkeit glaube ich sowieso nicht.« Boshaft verzieht er sein Gesicht. »Frag mal die Katze, sie ist doch deine Freundin.«

Die Maus blickt sich um. Sie ist ganz allein. Ob der griesgrämige Bursche vielleicht doch Recht hat? Für eine Maus ist es nicht ungefährlich, in dieser Jahreszeit unterwegs zu sein. Die Nacht ist kalt und es fängt an zu schneien. Doch der Stern mit seinem hellen Licht macht der Maus Mut. Der neue König ist groß und stark, denkt sie, er wird mich beschützen.

Plötzlich funkeln zwei große Katzenaugen am Wegesrand, die Maus erschrickt. »Entschuldige«, sagt sie, »aber in dieser Nacht dürfen wir uns nicht streiten. Ich bin unterwegs zum neuen König.«

»Was für ein König?« Die Katze leckt sich das Maul.

»Er ist heute geboren und er ist stärker als du.«

»Woher weißt du das?«

Die Maus hebt das Pfötchen und zeigt auf den hellen Stern.

»Unglaublich«, sagt die Katze, »solch ein Licht habe ich vorher nie gesehen. Eigentlich wollte ich dich fressen. Aber jetzt bin ich neugierig auf den neuen König. Weißt du den Weg?«

»Ja«, sagt die Maus. »Immer dem Stern nach.«

Maus und Katze kommen zum Dorf. Im Dorf schläft Bello, der Hund, in seiner Hütte. Sofort beginnt er zu knurren. »Was wollt ihr?«, fragt er misstrauisch.

»Heute Nacht ist ein König geboren«, sagt die Maus, »der ist stärker als du. Wir wollen ihn begrüßen. Kommst du mit?«

»Unmöglich«, sagt der Hund. »Ich muss das Haus meines Herrn bewachen.«

»Dein Herr ist schon unterwegs zum neuen König.«

»Und was geschieht, wenn Diebe kommen?«

»Die sind auch auf dem Weg zum König. Mach dir keine Sorgen, dem Haus wird nichts Böses geschehen.«

»Wenn's wirklich so ist«, sagt der Hund, »komme ich mit.«

Die drei Tiere laufen durch die kalte Winternacht. Voran der Hund, in der Mitte die Katze und am Schluss die Maus. Im Wald treffen sie den Fuchs. Er hat sich im Dorf eine Gans geschnappt und trägt sie im Maul. »Hab Mitleid«, quäkt die Gans und flattert mit den Flügeln.

»Lass die Gans«, sagt die Maus zum Fuchs, »dazu ist jetzt keine Zeit. Wir sind auf dem Weg zum neugeborenen König.«

»Ein neuer König?«, staunt der Fuchs und lässt die Gans los. »Mein König ist der Wolf.«

»Viel größer und stärker als der Wolf«, sagt die Maus.

»Glaubst du das wirklich? Was wird der Wolf dazu sagen?«

»Er wird auch mitgehen«, sagt die Maus.

»Und ich fliege voraus«, schnattert die Gans und schwingt sich in die Luft. Der Fuchs ärgert sich. Misstrauisch stellt er sich hinter den Hund. Aber er geht mit.

Auf dem Berg steht der Wolf. Wild und mächtig sieht er aus. Sein Knurren ist weit zu hören. Die Maus fasst sich ein Herz. »Höre, Wolf. Kannst du uns sagen, wer dein Herr ist?«

»Mein Herr ist der Bär«, antwortet der Wolf, »und ich kenne keinen, der stärker ist als er.«

»Erlaube«, sagt die Maus, »wir sind auf dem Weg, einen noch mächtigeren Herrn zu besuchen. Kommst du mit?«

Der Wolf überlegt. Gegen ein Abenteuer hat er nichts. Vielleicht gibt es auch etwas zu ergattern. »Los«, sagt er.

So schnell läuft der Wolf, dass die anderen Tiere ihm kaum folgen können. Endlich kommen die Tiere zur Höhle des Bären. Zuerst hören sie ihn nur schnarchen. Er hält seinen Winterschlaf.

Ich muss ihn wecken, denkt die Maus. Sie schlüpft in die Höhle und kitzelt den Bären mit ihrem langen Schwanz an der Nase. Da muss der Bär niesen und öffnet die Augen. »Ein König ist geboren, stärker und mächtiger als du.«

Der Bär erhebt sich schwerfällig und tappt ein paarmal um sich selber. »König, hast du gesagt, stärker als ich?«

»Komm mit vor die Höhle, ich werde dir etwas zeigen. Das hast du noch nie gesehen«, sagt die Maus.

Der Bär folgt der Maus aus der dunklen Höhle.

»Siehst du den Stern am Himmel?«

Der Bär brummt. »Du hast Recht, Maus, da muss etwas Besonderes geschehen sein.«

Mit schwerem Schritt macht sich der Bär auf den Weg. Er geht als Erster. Hinter ihm läuft der Wolf, der Fuchs hat sich jetzt vor den Hund gestellt. Katze und Maus folgen am Schluss.

Von überall kommen Menschen und Tiere über die Berge und Felder. Darüber wundert sich der Bär. »Die Hirsche, die Rehe, die Kühe, die Hasen, die Schafe! Die Bauern, die Hirten und die Kinder! Wollen die alle zum neugeborenen König?«

»Ja«, sagt die Maus, »das wollen sie.« Da trabt der Bär los. Seine Sohlen wirbeln den Schnee auf.

Hinter dem Berg liegt ein Stall. Die Gans hat ihn schon entdeckt.

»Ist hier der neugeborene König?«, fragt sie den Engel. Der Bär hört das nicht. Er reckt sich zu seiner ganzen Größe und drängt sich nach vorn. Erschrocken machen die Tiere und Menschen ihm Platz.

Da trippelt die Maus los. »Habt keine Angst«, ruft sie. »Der Bär tut euch nichts. Er will nur den neugeborenen König sehen.«

»Ja«, brüllt der Bär, »das will ich. Wo ist er, der größer und stärker sein soll als ich?«

»Da«, sagt die Maus. Der Bär sieht, dass der Stern über dem Stall stehen geblieben ist. Er sieht die Krippe und in der Krippe ein kleines Kind. Das soll der neugeborene König sein?, denkt der Bär. Das Kind schaut auf den Bären und streckt seine Hände nach ihm aus.

»Siehst du, wie das Kind leuchtet?«, sagt die Maus. Da schämt sich der Bär, weil er so laut gebrüllt hat und weil er den König nicht gleich erkannte. Er beugt sich nieder und macht sich ganz klein. Die Maus ist glücklich. Sie trippelt zurück und setzt sich wieder hinter der Katze in den Schnee. Seltsam, denkt sie, dass ich es war, die zuerst die gute Neuigkeit gehört hat. Mäuse sind sonst die kleinsten und nichtsnutzigsten Geschöpfe. Und doch habe ich sie alle zur Krippe gebracht. Hat man so etwas schon mal gehört?

Rudolf Otto Wiemer

Wozu die Liebe den Hirtenknaben veranlasste

In jener Nacht, als den Hirten der schöne Stern am Himmel erschienen war und sie sich alle auf den Weg machten, den ihnen der Engel gewiesen hatte, da gab es auch einen Buben darunter, der noch so klein und dabei so arm war, dass ihn die anderen nicht mitnehmen wollten, weil er ja ohnehin nichts besaß, was er dem Gotteskind hätte schenken können. Das wollte nun der Knirps nicht gelten lassen. Er wagte sich heimlich ganz allein auf den weiten Weg und kam auch richtig in Betlehem an. Aber da waren die anderen schon wieder heimgegangen und alles schlief im Stall. Der heilige Josef schlief, die Mutter Maria und die Engel unter dem Dach schliefen auch, und der Ochs und der Esel, und nur das

Jesuskind schlief nicht. Es lag ganz still auf seiner Strohschütte, ein bisschen traurig vielleicht in seiner Verlassenheit, aber ohne Geschrei und Gezappel, denn es war ja ein besonders braves Kind, wie sich denken lässt.

Und nun schaute das Kind den Buben an, wie er da vor der Krippe stand und nichts in den Händen hatte, kein Stückchen Käse und kein Flöckchen Wolle, rein gar nichts. Und der Knirps schaute wiederum das Christkind an, wie es da liegen musste und nichts gegen die Langeweile hatte, keine Schelle und keinen Garnknäuel, rein gar nichts.

Da tat dem Hirtenbuben das Himmelskind in der Seele Leid. Er nahm das winzig kleine Fäustchen in seine Hand und bog ihm den Daumen heraus und steckte ihn dem Christkind in den Mund.

Und von nun an brauchte das Jesuskind nie mehr traurig zu sein, denn der arme, kleine Knirps hatte ihm das Köstlichste geschenkt, was einem Wickelkind beschert werden kann: den eigenen Daumen.

Karl Heinrich Waggerl

Die Hirten

Der alte Hirte sagt:
»Ich gehe nach Betlehem.
Ich will das Kind in der Krippe sehen.
Wer geht mit mir?«

Der Hans sagt: »Ich gehe mit!
Ich habe ein warmes Fell von einem Lamm.
Das Fell schenke ich dem Kind!«

Der Jakob sagt: »Ich gehe auch mit!
Ich schenke dem Kind mein schönstes Lämmchen!«

Der Michael sagt:
»Ich gehe auch mit euch!
Ich habe eine große Flasche Milch.
Die Milch tut dem Kind gut!«

Dann gehen sie nach Betlehem.
Sie kommen in den Stall.
Sie fallen auf die Knie.
Sie falten die Hände.
Sie beten das Kind an.

Fritz Bärmann

133

Der erste Strohstern

Eine Legende

Als sich die Hirten auf den Weg nach Betlehem machten, wurde von ihrem Reden und Rufen auch ein Hirtenjunge wach, der bei den Schafen im Pferch geschlafen hatte. Verwundert und noch ein bisschen schlaftrunken lief er mit den Männern und stand dann mit ihnen in dem armen Stall lange Zeit vor dem neugeborenen Kind in der Krippe, bis einer der Hirten ihn am Arm fasste:

»Komm, Bub, wir wollen heimgehen! Das Kind und seine Mutter brauchen Ruh!«

Unterwegs berieten die Hirten, was sie dem Kind morgen alles mitbringen wollten.

»Ich bring ihm Milch von dem Mutterschaf!«, rief der eine.

»Ich nehme guten Schafskäse mit!«, sagte ein anderer.

Ein Dritter wollte ein Säckchen Mehl hintragen, ein Vierter ein weiches Lammfell schenken. Wieder einer wollte ein Bund Holz zum Feuermachen mitbringen und ein anderer einen Beutel voll Winteräpfel zusammensuchen. Einer hatte noch ein Töpfchen Fett, und der älteste von ihnen, der am ärmsten war, sagte nach einigem Überlegen: »Ich spiel dem Kind ein Wiegenlied auf meiner Flöte!«

Der Hirtenjunge wurde allmählich immer trauriger. Alle hatten etwas zu schenken – nur er nicht! Denn außer seinem Hemd und seiner Hose besaß er nichts, höchstens noch eine Jacke, aber die war so alt und so oft geflickt, dass er sie unmöglich dem Kind schenken konnte.

Auf seinem Strohlager konnte der Hirtenjunge lange nicht einschlafen. Immer noch sah er das Kind vor sich. Er wollte ihm so gern auch etwas schenken. Aber was?

Da glänzten auf einmal im Licht des großen neuen Sternes ein paar Strohhalme seines Lagers auf. Sie lagen kreuz und quer übereinander und trafen sich in der Mitte zu einem Stern – einem Strohstern. Da wusste der Junge auf einmal, was er dem Kind schenken konnte! Er wünschte den Morgen herbei und das Schlafen wurde ihm schwer.

Endlich wurde es Tag. Leise griff der Junge nach dem Messer des Hirten, der neben ihm schlief, und schnitt ein paar Strohhalme zurecht, drehte dann aus Schafwolle einen Faden und schlang und knotete ihn um die Halme, dass ein fester, schöner Stern daraus wurde.

Der Junge ließ den Stern am Faden tanzen. Wie der nun in der Morgensonne schimmerte und leuchtete!

Als die Hirten mit ihren Gaben zum Stall kamen, legte jeder sein Geschenk an der Krippe nieder. Während der Alte noch sein Lied auf der Flöte blies, trat der Hirtenjunge vor. Sein Herz klopfte, als er dem Kind den Strohstern hinhielt. Da schlossen sich die kleinen Finger um einen der glänzenden Halme: das Kind hielt den Stern fest.

Else Tümmel

Der Hirte

Auf dem Berge Nebo lebte einst ein alter Hirte. Er weidete seine Schafe und blies dazu auf seiner Hirtenflöte.

Auf dem Berg gab es kein anderes Haus als seine alte Hütte, zu der führte ein schmaler Pfad. Der Hirte war einsam und arm.

Eines Nachts, als er unter den Palmen eingeschlafen war, hatte er einen Traum: Ein großer, heller Stern zog am Himmel herauf. Einen solchen hatte er noch nie gesehen. Und ein Engel kam, der sprach: »Fürchte dich nicht, ich verkünde dir große Freude. Heute Nacht ist das Christuskind geboren. Wach auf und folge dem Stern!«

Der Hirte wachte auf. Da stand der große, helle Stern über ihm. Eilig weckte er seine Schafe, nahm Stab und Flöte und folgte dem Stern.

Er zog ihm nach über Berge und Täler, und die Schafe gingen hinterdrein.

Sie kamen in eine schöne Stadt. Da dachte der Hirte: Hier werde ich das Christuskind finden.

Sie kamen an ein prächtiges Schloss. Wieder dachte der Hirte: Hier werde ich das Christuskind finden.

Sie kamen an ein einsames Feld. Da stand eine alte Hütte, zu der führte ein schmaler Pfad. Der Hirte wollte umkehren, er glaubte, er hätte sich verirrt.

Aber der Stern neigte sich und blieb über der Hütte stehen.

Erstaunt trat der Alte näher. Da lag das Kind auf Heu und Stroh in einer Futterkrippe. Maria und Joseph waren eingeschlafen. Das Kind aber schaute den Hirten an und er erschrak.

»Du bist das Christuskind«, sagte er, »und du bist so arm! In einer Hütte bist du geboren, du hast keine Wiege, in einer Krippe musst du liegen auf Heu und Stroh.«

Und er zog seinen Mantel aus und deckte das Kindlein damit zu.

Da lächelte das Christuskind und der alte Hirte vergaß alle Armut. Er sagte: »Ich weiß nun, der Himmel und die Erde sind dein.«

Und seine Freude wurde übergroß.

Helga Aichinger

Die Engel über dem Feld

Die Hirten sind auf dem Feld.
Sie sind still.
Die Schafe schlafen.
Die Hunde träumen.
Es ist alles still.
Da geht auf einmal der Himmel auf.
Ein großes Licht leuchtet in der Finsternis.
Der Engel Gabriel aber spricht
aus dem Licht:
»Fürchtet euch nicht!
Ich habe eine große Freude für euch!
Euch ist heute der Heiland geboren!
Er liegt in einer Krippe in Betlehem.«
Da kommen viele Engel.
Und die Engel singen:
»Ehre sei Gott in der Höhe!
Und Friede auf Erden
und den Menschen
ein Wohlgefallen.«
Da sind die Hirten froh.

Fritz Bärmann

Die Hirtin Magdalene

Einer von den Hirten, der zur Krippe seine ärmliche Gabe brachte, hatte eine Tochter mit Namen Magdalene. Die half oft beim Hüten der Herden. Als nun die Hirten in später Nacht aus dem Stalle traten, um wieder zu ihren Schafen zu gehen, sprach der Vater von Magdalene zu den andern: »Geht ohne mich voraus. Bald komm ich zu euch aufs Feld zurück. Lasst mich nur im Vorbeigehen das große Wunder meiner Tochter anzeigen, sie möchte es mir sonst übel nehmen.«

Er begab sich seitab zu einer armseligen Hütte im Felde, weckte das Mädchen und erzählte ihm aus erfüllter Seele, was sie bei den Herden und im Stalle erfahren hatten. Gerne hätte ihn Magdalene weiter befragt, aber der Vater beeilte sich, zu den Schafen zurückzukehren, wie er versprochen hatte.

Nun weilte aber Magdalene allein im Hause; denn ihre Mutter war schon lange gestorben. Sie besorgte dem Vater den ärmlichen Haushalt. Der wunderbare Bericht, den sie eben vernommen, ließ ihr keine Ruhe und sie dachte: »Könnte ich nur für einen Augenblick das Gotteskind durch eine Spalte des Stalles ansehn, mein Lebtag würde ich mich daran freuen.«

Wirklich erhob sie sich, bevor der Tag dämmerte, verließ das Haus und eilte über die Felder. Sie waren ihr auch zur Nacht wohl bekannt. Der Weg war weit. Endlich kam sie zum Stalle. Sie suchte in der Türe nach einer Ritze und schaute mit klopfendem Herzen ins Innere. Da gewahrte sie drinnen die Heilige Familie in stillem Schlafe; ein leuchtender Engel war bei ihr.

Wie liegt das Kind so arm und ohne jeden Schmuck, dachte Magdalene, hätte ich nur etwas, womit ich es zieren könnte. Traurig schaute das Mädchen auf seine leeren Hände und trat den Rückweg an. Es wusste nicht, wie ihm war: Tränen fielen aus seinen Augen auf das winterliche Feld.

Plötzlich stand der Engel neben ihm und fragte:

»Kind, warum weinest du?«

Magdalene war dermaßen von der herrlichen Erscheinung übernommen, dass ihr das Wort in der Kehle stecken blieb; schüchtern hielt sie dem Engel ihre leeren Hände entgegen. Dieser beugte sich nieder und berührte die Erde, worauf eben ihre Tränen gefallen waren. Vor dem erstaunten Blicke Magdalenens wuchsen seltsam schöne Blumen aus dem winterlichen Feld. Sie kniete nieder und pflückte sachte die silberhellen Blüten. Dann folgte sie dem Engel in den Stall und schmückte damit die Krippe, indes die Heilige Familie stille schlummerte.

Christrosen waren es, wie sie noch heute zum Fest der Christgeburt aus beschneitem Boden erblühen.

Jakob Streit

Kapitel V

Die heil'gen drei König

Das allerschönste Geschenk

Die Heiligen Drei Könige zogen über die Berge, das Christkind zu suchen. Am Himmel stand der goldene Weihnachtsstern und wies ihnen den Weg. Er leuchtete so hell, dass der Schnee mitten in der Nacht fast blendete, und unter den Tannen, in den Schlafstuben der Häslein und Rehe, schimmerte es geheimnisvoll.

Eine seltsame Unruhe hatte alle Tiere ergriffen. Überall wisperte und raschelte es und sogar die Winterschläfer erwachten und steckten ihre Nase in die kalte Luft. Ein Murmeltier saß am Wege und schnupperte. Mh! Weihrauch! Wie das duftet!

»Darf ich mitkommen?«, fragte es. Die Heiligen Drei Könige nickten. Erst der Kaspar, dann der Melchior, zuletzt der schwarze Balthasar. Ein Stück weiter saß ein feuerrotes Eichhörnchen. »Wollt ihr mich auch mitnehmen?«, fragte es und fuhr – hopp – dem Melchior über die goldbeschuhten Füße. »Wenn du schön artig bist«, lachte der. Bald kamen noch der Dachs dazu und Mümmelmann, das Häslein, der Hamster, die Maus, der Igel, das Wiesel in seinem weißen Winterpelz, der Fuchs, der Marder und noch eine Menge mehr. Keiner tat dem andern was zu Leide, es war ja Weihnacht und man ging zum Christkind!

Eine richtige kleine Karawane zog nun durch den verschneiten Bergwald und folgte dem Stern. Wie ein feiner Schleier rieselten die Schneesternchen von den Bäumen, denn ein Vöglein ums andere erwachte und folgte dem Zug. Da hatten bald alle einen weißen Schneemantel um. Der wurde immer schwerer und man musste tüchtig das Fell schütteln. Nur der Igel trug seinen Schneeberg geduldig mit, denn er konnte seine Stacheln nicht schütteln. Am Bergbach stand ein Wildschweinchen und trank. Als es die Heiligen Drei Könige kommen sah, hopste es vor Freude und wollte auch mit. »Puh!«, machten alle Tiere. »Ein schmutziges Wildschweinchen! Was will denn das beim Christkind?«

Erschrocken blieb das Suckelchen stehen. »Und was willst du dem

Christkind schenken? Das Murmeltier hat wunderschönes, selbst getrok-
knetes Heu, das Eichhörnchen Bucheln und Haselnüsse, der Dachs süßen
Honig, der Hamster die schönsten Weizenkörner – alle haben was, und
du?«

Da schämte sich das arme Schweinchen und senkte den Kopf tief in den
Schnee, bis alle vorbei waren. Ach, nur ein bisschen hintennach laufen!
Vielleicht bekam man das Christkind doch zu sehen!

Die Heiligen Drei Könige hatten nun schon den Wald verlassen und
stapften über eine große Wiese abwärts. Der Stern senkte sich plötzlich
und blieb über einer hohen Tanne mitten am Berghang stehen. Er leuchtete und funkelte und goss sein Licht über eine kleine, verfallene Hütte.
Darin strahlte es geheimnisvoll. Dort musste das Christkind sein! Kaspar,
Melchior und Balthasar machten lange Schritte und die Tiere purzelten
mehr, als dass sie gingen, bergab. Übers Dach der Hütte flogen kleine

Englein und man vernahm einen himmlischen Gesang. Nun konnte man alles sehen: das liebe Christkind in der Krippe, Maria und Josef. Ochs und Esel erwärmten mit ihrem Atem die kalte Winterluft. Die Heiligen Drei Könige knieten nieder und legten ihre Geschenke, Gold, Weihrauch und Myrrhe, vor die Krippe. Die Tierlein kamen auch und brachten, was sie hatten. Das Christkind streckte ihnen seine Hände entgegen und lächelte so lieb, dass allen ganz warm ums Herz wurde.

Nur das arme Suckelchen stand am Hang, schnaufte und pustete und war sehr unglücklich. Doch – o Wunder – gerade neben ihm, dort, wo der Schnee nicht ganz so hoch lag, regte sich's unter der Erde. Zarte, weiße Blütenköpfchen entfalteten sich und des Wachsens war kein Ende. Die Wiese schmückte sich mit Christrosen! Und plötzlich fuhr etwas in das Schweinchen, es rupfte von den Blumen, so viel es konnte, und rannte damit bergab. Die Tiere staunten. Da kam ja das Suckelchen mit einem Strauß Blüten, mitten im Winter! Das kleine Wildschwein trabte auf die Krippe zu und legte die Schneerosen dem Christkind in die Arme. Da fuhren ihm weiche Händchen übers Gesicht und streichelten es. Das Schweinchen fühlte sich nicht mehr schmutzig und borstig, nur noch überglücklich. Es stand ja nun ganz vorne und hatte sogar das Allerschönste und Beste bringen dürfen.

Das hatte sicher der liebe Gott so gemacht, denn er denkt an die Ärmsten immer zuallererst.

Erna Brückner

Die heil'gen drei König

Die heil'-gen drei Kö-nig mit
ih - ri - gem Stern will ich euch be -
sin - gen ihr Frau - en und Herrn, ihr
Ster - ne gebt al - len den Schein; ein
neu - es Jahr geht uns bald ein.

Volksgut

145

Die Geschichte vom kleinen Mohren und vom weißen Pferd

Vor beinahe zweitausend Jahren lebte im Morgenlande ein kleiner Mohr. Er musste im Pferdestall arbeiten und machte seine Sache so gut, dass ihm sein Herr, der weise Balthasar, seinen Lieblingshengst zur Pflege anvertraute. Es war ein schönes, schneeweißes Pferd, feurig und wild, aber wenn der kleine Mohr in seiner Nähe war, dann wurde es sanft wie ein Lämmchen. Es stampfte nicht, es schlug nicht aus, es ließ sich von dem kleinen Mohren striegeln und streicheln, und wenn der kleine Mohr etwas sagte, dann neigte es seinen schönen Kopf, als ob es ihm ganz genau zuhören wollte.

Als der weise Balthasar sich mit dem weisen Caspar und dem weisen Melchior aufmachte, um dem Stern zu folgen, der ihnen die Geburt des Jesuskindes angezeigt hatte, da bestimmte Balthasar, dass der kleine Mohr mitkommen sollte; denn niemand anderem wollte er die Pflege seines weißen Pferdes überlassen. Der kleine Mohr war sehr erstaunt, dass sich so eine große Karawane auf den Weg machte, nur weil irgendwo ein neuer Stern aufgegangen war. Und er staunte noch mehr, als er hörte, dass dieser Stern die Geburt eines Königs anzeigte. Was musste das für ein mächtiger König sein, der die Gewalt hatte, den Sternen zu befehlen? Der kleine Mohr fürchtete sich vor ihm und er wäre lieber zu Hause geblieben. Aber er musste ja gehorchen und außerdem hätte er sich nicht von dem schönen weißen Pferde trennen mögen.

Die Karawane zog viele Wochen durch die Wüste und der Stern wanderte vor ihr her. Als sie endlich in einer großen Stadt ankam und die Weisen im Palast nach dem neugeborenen König fragten, da wurde ihnen gesagt, man wisse nichts von einem solchen Kinde.

Da zog die Karawane weiter, aus der Stadt hinaus, vorbei an armen Hütten, über ödes Feld, immer dem Glanz des großen Sternes nach. Der kleine Mohr wunderte sich jeden Tag mehr. So viel Umstände um ein kleines Kind – und wenn es auch ein Fürstenkind war! Er konnte es nicht verstehen. Während er das weiße Pferd striegelte und fütterte, malte er sich aus, in welch prächtigem Schlosse der fremde König wohnen würde. Sicher schlief er in einem goldenen Saal auf purpurnen Decken und hundert kleine Mohren, wie er einer war, fächelten ihm mit Palmblättern Kühlung zu. »Wir werden ja sehen«, sagte er zu dem weißen Pferd, »was für ein König das ist.« Und das Pferd nickte würdevoll mit dem Kopf.

Und dann war die Karawane endlich am Ziele angekommen. Da war zwar kein Schloss, sondern nur ein armer Stall, aber weil der Stern über seinem Dache stand, zögerten die Weisen keinen Augenblick, hier Halt zu machen. Sie stiegen von ihren prächtig aufgezäumten Kamelen, ließen sich von den Dienern in kostbaren Gefäßen Gold, Weihrauch und Myrrhen reichen und traten durch die niedere Tür des Stalles, um dem Kinde ihre Verehrung zu bezeigen. Dann ließen sie in der Nähe des Stalles ihre Zelte aufschlagen.

Als der kleine Mohr das weiße Pferd ein wenig am Zügel herumführte, um ihm Bewegung zu verschaffen, da hörte er einen Kameltreiber sagen: »Ihr könnt es mir glauben: Es ist ein armseliger Stall, und es stehen nur Ochs und Esel darin. Die Frau trägt weder Krone noch Kette und der Mann hat einen rauen, verblichenen Rock an. Das Kind schläft in einer Krippe. Es ist ein schönes Kind. Aber so wohnt doch kein König!«

Diese Worte ließen dem kleinen Mohren keine Ruhe. Um Mitternacht, als alles in den Zelten schlief und die Wachen beim Würfelspiel saßen, band er das weiße Pferd los und schlich mit ihm zu dem Stall hinüber. »Sicher haben sie noch nie ein so prächtiges Pferd gesehen, wie du eines bist«, sagte der kleine Mohr, »wo sie doch nur einen Esel in ihrem Stall haben.«

Die Tür war nur angelehnt, der kleine Mohr drückte sie leise auf. Sie war so nieder, dass das weiße Pferd draußen stehen bleiben musste. Drinnen war es dämmerig. Der große Stern funkelte über dem Dach und schickte seine Strahlen durch die breiten Spalten und Risse. Das Kind schlief in der Krippe. Der Mann und die Frau saßen daneben und blickten zu dem kleinen Mohren hin.

Der kleine Mohr wusste nicht recht, was er sagen sollte. Er senkte den Kopf und dann schaute er sich nach dem weißen Pferd um. Und da war etwas Seltsames geschehen: das weiße Pferd hatte sich auf die Knie niedergelassen.

Der kleine Mohr erschrak, er dachte, dem Pferd sei etwas geschehen. Aber da sagte die Frau freundlich: »Fürchte dich nicht, kleiner Mohr. Mein Sohn liebt Himmel und Erde, er liebt auch dich und dein Pferd. Willst du ihn nicht grüßen?«

Da kniete der kleine Mohr vor der Krippe nieder, berührte den Boden mit der Stirn und sagte: »Gepriesen seist du, König!«

Als die Karawane wieder in ihr Land zurückwanderte, fragte der Kameltreiber den kleinen Mohren: »Nun, hast du dir auch das Kind im Stalle angesehen?«

»Ja«, sagte der kleine Mohr.

»Und glaubst du, dass es ein König ist?«

»Ja, ich glaube es«, sagte der kleine Mohr fest.

»Ach was«, sagte der Kameltreiber. »In einem Stall wohnt kein König. Erinnerst du dich noch, wie Prinz Achmed geboren wurde und wir deinen Herrn begleiteten, um die Geschenke zu tragen? Das war eine Pracht! Und Prinz Achmed in seiner kleinen goldenen Sänfte – weißt du es noch?«

»Ja, ich weiß es noch«, sagte der kleine Mohr. »Aber das weiße Pferd hat nicht vor ihm gekniet.«

Marina Thudichum

Die heil'gen drei Könige

Die heil'gen drei Kön'ge aus Morgenland,
sie frugen in jedem Städtchen:
„Wo geht der Weg nach Betlehem,
ihr lieben Buben und Mädchen?"

Die Jungen und Alten, sie wussten es nicht,
die Könige zogen weiter,
sie folgten einem goldenen Stern,
der leuchtete lieblich und heiter.

Der Stern bleibt stehn über Josephs Haus,
da sind sie hineingegangen;
das Öchslein brüllte, das Kindlein schrie,
die heil'gen drei Könige sangen.

Heinrich Heine

Die Weisen aus dem Morgenland

Als Jesus geboren wurde, entdeckten drei weise Männer im Morgenland einen Stern am Himmel. Aus alten Schriften wussten sie: nun ist der König geboren, den Gott allen Menschen zum Heiland bestimmt hat. Da machten sie sich auf, das Kind zu sehen und ihm Geschenke zu bringen. Und sie kamen nach Jerusalem und fragten: »Wo ist der neugeborene König der Juden? Wir haben seinen Stern gesehen und sind gekommen, ihn anzubeten.«

Als aber Herodes, der König im jüdischen Land, davon hörte, erschrak er und mit ihm alle Mächtigen in Jerusalem, denn er wollte keinen König über sich dulden. Und er rief alle Hohenpriester und Schriftgelehrten der Juden zusammen und fragte sie aus, wo Christus geboren werden sollte. Sie sagten ihm: »In Betlehem. Aus Betlehem wird der gottgesandte Heiland und Herr über das Volk Israel kommen. So steht es in der Heiligen Schrift geschrieben.«

Da ließ Herodes die Weisen vom Morgenland heimlich zu sich rufen und erkundigte sich genau, wann sie den Stern zuerst gesehen hätten. Dann sagte er: »Zieht hin nach Betlehem! Dort sucht und fragt nach dem Kind, bis ihr es gefunden habt! Kommt dann zu mir und gebt mir Bescheid, denn ich will auch hingehen und es anbeten.«

Als die Weisen mit dem König gesprochen hatten, zogen sie weiter. Und der Stern, den sie im Morgenland gesehen hatten, ging vor ihnen her, bis er stehen blieb über dem Dach, wo das Kind war.

Da waren sie hocherfreut. Sie gingen hinein und fanden das Kind mit Maria und fielen nieder und beteten es an und gaben ihm königliche Geschenke, die sie mitgebracht hatten. Gold, Weihrauch und Myrrhen. Gott aber sagte ihnen im Traum, dass sie nicht zu Herodes zurückkehren sollten. Und als sie das Kind angebetet und sich vor ihm verneigt hatten, zogen sie auf einem anderen Wege wieder in ihr Land.

nach Matthäus 2,1–12

Die Legende vom vierten weisen Mann

Zu der Zeit, als Kaiser Augustus in Rom und König Herodes in Jerusalem herrschten, lebte in Persien ein weiser Mann namens Artaban. Er war Seher und Sterndeuter von Beruf. Vom Dach seines Hauses beobachtete er die Sterne und spürte den Geheimnissen der Natur nach.

Artaban hatte drei Freunde: Kaspar, Melchior und Baltasar. Auch die beobachteten die Sterne am nächtlichen Himmel und versuchten zu verstehen, was der Lauf der Sterne ihnen sagen wollte. Eines Nachts entdeckten sie einen neuen hellen Stern. In alten Büchern lasen sie, dass ein neuer Stern die Geburt eines Königs im Lande Juda ankündigen werde. Dieser König werde die Hoffnungen der Menschen erfüllen und ihnen Liebe und Glück bringen. Schnell entschlossen sie sich, dem Stern zu folgen, um den neugeborenen König zu suchen.

Sie wollten sich in Babylon treffen, um von dort in einer Karawane gemeinsam nach Jerusalem zu ziehen. Artaban verkaufte Haus und Garten. Von dem Geld erwarb er drei wertvolle Edelsteine, die er dem neuen König als Geschenk mitbringen wollte: einen Rubin, einen Saphir und einen Diamanten. Frühmorgens sattelte er sein Pferd, stieg auf und ritt nach Westen. Nach zehn Tagen und Nächten erblickte er die großen Mauern der Stadt Babylon. Schon wollte er seinem Pferd die Sporen geben, um den kurzen Weg zur Stadt hinter sich zu bringen, als er etwas Dunkles auf der Straße liegen sah. Mit Schrecken erkannte Artaban, dass da ein Mann lag, der dringend Hilfe brauchte. Sollte er absteigen, die Freunde warten lassen und sich um den Kranken kümmern? „Gott, führe mich den richtigen Pfad, auch wenn ich die Freunde und den Stern ziehen lasse, den Du uns geschickt hast!", betete er. Dann stieg er ab. Er setzte den Kranken auf sein Pferd und führte ihn nach Babylon. Er gab ihn einem Wirt in Pflege und blieb bei ihm, bis er wieder zu Kräften kam. Danach wollte er seine Reise fortsetzen. Doch die Karawane seiner Freunde war bereits fortgezogen. Vor ihm breitete sich die große weite Wüste aus. Artaban verkaufte den Saphir, um Proviant zu besorgen und eine eigene Karawane auszurüsten. Dann machte er sich allein auf den langen, mühsamen Weg in das verheißene Land.

Nach vielen Tagen und Wochen erreichte er das Land Juda. In einem kleinen Dorf namens Betlehem kehrte er bei einer Frau ein. Die hatte mit ihrem Baby vor der Tür ihres Hauses gesessen, als er schon vorbeireiten wollte. Von ihr erfuhr er, dass Kaspar, Melchior und Baltasar hier gewesen waren. Sie hatten das verheißene Kind und seine Familie getroffen und waren dann voll düsterer Vorahnungen schnell wieder davongeritten. Die Familie sei tags darauf nach Ägypten geflohen. Man befürchtete Überfälle der Soldaten des Herodes, der überall nach dem neugeborenen König der Juden suchen ließ. Kaum hatte die Frau dies Artaban erzählt, gellten Schreie durchs Dorf: „Die Soldaten kommen, bringt eure Kinder in Sicherheit!" Artaban wandte sich zur Tür, als ein Soldat mit gezücktem Schwert über die Schwelle trat. Er wollte sich auf das Kind der Frau stürzen. Artaban trat dazwischen: „Was willst Du von dem Kind? Nimm diesen Stein und verschwinde von hier!", herrschte er ihn an. Er hielt ihm lockend den leuchtenden Rubin hin, der wie ein Blutstropfen leuchtete.

Hastig riss der Soldat den Stein an sich und stürzte aus dem Haus. An diesem Tag wurden alle anderen neugeborenen Kinder in Betlehem von den Soldaten des Herodes getötet.

Artaban verließ diese schreckliche Stätte und zog weiter nach Ägypten, um nach dem neugeborenen König der Juden zu forschen. Doch nirgendwo hatte man von ihm gehört. Eines Tages traf er einen alten weisen Schreiber, der ihm erklärte: „Unsere Schriften sagen, dass der verheißene König weder in den Palästen der Könige wohnt, noch in den Häusern der Reichen. Wenn du ihn finden willst, suche ihn bei den Armen und Kranken, bei den Sündern und den Sklaven." Artaban tat, wie es ihm der Alte geraten hatte. Überall suchte er nach dem verheißenen König, aber er konnte ihn nirgends finden. Er tat viel Gutes, pflegte Kranke, tröstete Trauernde und gab armen Leuten Kleidung und Nahrung.

Dreiunddreißig Jahre waren seit seinem Aufbruch aus Persien vergangen, als er eines Tages zu einer letzten Suche nach Jerusalem aufbrach. Er war alt und hinfällig geworden. Am Jaffa-Tor begegneten ihm viele Menschen. „Wohin geht ihr?", fragte er eine Frau aus der Menge, die an ihm vorbeieilen wollte: „Wir gehen zur Schädelstätte, dort findet eine Kreuzigung statt. Man hat zwei lang gesuchte Räuber gefasst, die hingerichtet werden. Außerdem soll noch ein gewisser Jesus aus Nazareth sterben. Die Ältesten und Hohenpriester lassen ihn hinrichten, weil er sich Gottes Sohn nennt und sich gegen den Glauben versündigt hat."

Schweren Schrittes wandte sich der alte Artaban der Stadt zu. Da wurde der Himmel plötzlich schwarz, und lautes Donnergrollen tönte durch die Stadt. Von der Richtstätte kamen die Soldaten und Schaulustigen geflohen.

Ein einsamer Sonnenstrahl fiel auf das Gesicht eines sterbenden alten Mannes, der unbemerkt an der Tempelmauer zusammengesunken war. Eine Frau fand ihn dort. Es war Artaban. Ein Lächeln lag auf seinen Zügen und aus seiner geöffneten rechten Hand rollte der kostbare Diamant. Den hatte er aufgehoben für den verheißenen König. Er hatte ihn endlich gefunden.

Michael Schönberger

Quellenverzeichnis

Kapitel I

Nikolaus, Nikolaus, Text und Melodie: Hans Poser, Von der Fidula-CD 4428: Nikolaus-
und Weihnachtslieder, © Fidula-Verlag, Boppard/Rhein und Salzburg.

Willi Fährmann, Die Legende vom Nikolaus und Jonas mit der Taube, aus: Willi Fährmann, Und leuchtet wie die Sonne, © Echter Verlag, Würzburg, 4. Aufl. 1991.

Irina Korschunow, Der kleine Flori und der Nikolaus, © Irina Korschunow, Krailling.

Kapitel II

Georg Dreißig, Was die Spinne für Maria tat, aus: Georg Dreißig, Das Licht in der Laterne,
© Verlag Urachhaus, Stuttgart 1994.

Das Häschen und die Rübe, aus: Das Häschen und die Rübe, © Middelhauve Verlag
GmbH, München für Der Kinderbuch Verlag, Berlin.

Karl Heinrich Waggerl, Die stillste Zeit im Jahr, aus: K. H. Waggerl, Das ist die stillste Zeit
im Jahr, © Otto Müller Verlag, Salzburg, 8. Auflage 1998.

Georg Dreißig, Warum die Hasen weiße Schwänze haben, aus: Georg Dreißig, Das Licht in
der Laterne, © Verlag Urachhaus, Stuttgart 1994.

Leo Tolstoi, Eine Geschichte für Kinder, aus: Lisa Tetzner, Bunte Perlen, © Bertelsmann
Jugendbuchverlag, München.

Willi Fährmann, Wichteln, © Willi Fährmann.

Ursel Scheffler, Der schlaue Fuchs, aus: Ursel Scheffler, Adventskalendergeschichten,
© Verlag KeRLE im Verlag Herder, Freiburg, 8. Auflage 2000.

Renate Schupp, Der Engel mit dem Gipsarm, aus: Deßecker/Schupp, Bald nun ist Weihnachtszeit, © Verlag Ernst Kaufmann, Lahr.

Janosch, Ein Geschenk für den Vogel, aus: Das große Janosch-Buch, © 1976 Beltz Verlag,
Weinheim und Basel, Programm Beltz & Gelberg, Weinheim.

Margret Rettich, Karpfenzauber, aus: Neue wahre Weihnachtsgeschichten, © Annette Betz
Verlag 1986.

Margret Rettich, Ein Märchen, aus: Neue wahre Weihnachtsgeschichten, © Annette Betz
Verlag 1986.

Kapitel III

Astrid Lindgren, Weihnachten im Stall, aus: Pelle zieht aus und andere Weihnachtsgeschichten, von Astrid Lindgren und James Krüss, © Verlag Friedrich Oetinger, Ham-
burg.

Anton Steiner, Von dem Kind, das im Stall geboren ist, aus: Mit Kindern glauben lernen,
© Verlag Katholisches Bibelwerk, Stuttgart.

Jindra Capek, Ein Kind ist geboren, © 1984 by bohem press, Zürich.

Ursula Wölfel, Geboren ist das Kind, aus: Mielitz, Sei uns willkommen schöner Stern,
© Verlag Ernst Kaufmann, Lahr.

Selma Lagerlöf, Die Heilige Nacht, aus: Selma Lagerlöf, Christuslegenden, © 1948 by
nymphenburger in der F. A. Herbig Verlagsbuchhandlung GmbH, München, für die
deutsche Übersetzung von: Marie Franzos.

Rolf Krenzer, Die Geschichte vom Weihnachtsglöckchen, © 1994 by bohem press, Zürich.

Paul Maar, Weihnachtsüberraschungen, © Paul Maar.

Peter Härtling, Der Koffer, aus: Peter Härtling, Geschichten für Kinder, © 1988 Beltz
Verlag, Weinheim und Basel, Programm Beltz & Gelberg, Weinheim.

Margret Rettich, Als Weihnachten ausfiel, aus: Neue wahre Weihnachtsgeschichten,
© Annette Betz Verlag 1986.

Kapitel IV

Friedrich Hoffmann, Die Hirten, aus: Mielitz, Sei uns willkommen schöner Stern, © Verlag
Ernst Kaufmann, Lahr.

Rudolf Otto Wiemer, Warum der Bär sich wecken ließ, © Patmos Verlag, Düsseldorf 1996.

Karl Heinrich Waggerl, Wozu die Liebe den Hirtenknaben veranlasste, aus: K. H. Waggerl,
Das ist die stillste Zeit im Jahr, © Otto Müller Verlag, Salzburg, 8. Auflage 1998.

Else Tümmel, Der erste Strohstern, aus: Mielitz, Sei uns willkommen schöner Stern,
© Verlag Ernst Kaufmann, Lahr.

Helga Aichinger, Der Hirte, © Helga Aichinger.

Jakob Streit, Die Hirtin Magdalene, aus: Kindheitslegenden, Kindheit und Jugend Jesu,
erzählt von Jakob Streit, © Verlag Freies Geistesleben, 10. Auflage, Stuttgart 2000.

Kapitel V

Erna Brückner, Das allerschönste Geschenk, aus: Der Heiland ist geboren, © 1960 by
K. Thienemanns Verlag, Stuttgart/Wien.

Die heil'gen drei König, aus: Das kleine Liederbuch für Kindergarten und Haus,
© C. C. Buchners Verlag.

Marina Thudichum, Die Geschichte vom kleinen Mohren und vom weißen Pferd,
aus: Marina Thudichum (Hg.), Weihnachten für alle, © Auer Verlag, Donauwörth.